防范风险隐患
规范财务管理

行政事业单位财务管理常见问题及案例

（第二版）

高广京　黄晖雁◎主编

气象出版社
China Meteorological Press

内容简介

近年来，行政事业单位财经纪律、财务制度执行要求越来越严格，本书通过案例的形式，梳理典型问题，分析其中的风险，有利于财务人员乃至一般读者预防、减少违纪违规行为，防范风险隐患，是一本权威、方便、实用的案头工具书。

本书共介绍了123个典型案例，涵盖预算决算、资金管理、资产管理、政府采购、项目管理、费用支出、制度建设和内部控制7个方面。每个案例在简要介绍基本情况的基础上，对存在的问题进行了分析解读，并摘录了相关的条例规范等作为延伸阅读，有助于读者解惑答疑，增强风险防范意识，正确理解和运用规章制度。

图书在版编目（CIP）数据

行政事业单位财务管理常见问题及案例 / 高广京，黄晖雁主编. -- 2版. -- 北京 : 气象出版社，2024.5
ISBN 978-7-5029-8182-2

Ⅰ. ①行… Ⅱ. ①高… ②黄… Ⅲ. ①行政事业单位－财务管理－案例－中国 Ⅳ. ①F812.2

中国国家版本馆CIP数据核字(2024)第071508号

行政事业单位财务管理常见问题及案例（第二版）
Xingzheng Shiye Danwei Caiwu Guanli Changjian Wenti ji Anli(Di-er Ban)

出版发行：气象出版社
地　　址：北京市海淀区中关村南大街46号　**邮政编码**：100081
电　　话：010-68407112(总编室)　010-68408042(发行部)
网　　址：http://www.qxcbs.com　**E-mail**：qxcbs@cma.gov.cn
责任编辑：宿晓凤　廖红艳　**终　　审**：吴晓鹏
责任校对：张硕杰　**责任技编**：赵相宁
封面设计：艺点设计
印　　刷：三河市君旺印务有限公司
开　　本：710 mm×1000 mm　1/16　**印　　张**：17
字　　数：228千字
版　　次：2024年5月第1版　**印　　次**：2024年5月第1次印刷
定　　价：68.00元

本书编委会

第二版前言

《行政事业单位财务管理常见问题及案例》自2022年5月出版至今已两年。这是一本兼具理论和实践价值的书籍，对于行政事业单位开展财会监督工作具有很强的实践指导意义，自出版以来，受到了广大财务人员、管理人员和其他读者的欢迎。其间，国家有关部门陆续推出了一些新的规范和要求。

为了适应新形势下财会监督的迫切需要，加强行政事业单位财会人员的基本素质，根据新形势和新变化，编者决定再版此书。此次再版，编者对书中内容作了较大调整。一是对案例部分进行了更新，删除了陈旧案例，增加了最新的更具参考价值的案例，全书案例增加至123个；根据最新规范和文件，更新了"延伸阅读"的内容。二是搜集整理了财会监督涉及的部分重要法律法规和规章制度，将全文列出，便于读者查阅和学习。此外，一些热心的读者对本书的修改提出了宝贵的意见和建议，例如字号调大等，我们积极采纳并向他们表示衷心的感谢。

由于编者水平和经验有限，书中难免存在疏漏和不完善之处，敬请读者批评指正。

编者

2024年5月

前　言

近年来，行政事业单位财经纪律、财务制度执行要求越来越严格，为了预防、减少违纪违规行为，防范风险隐患，规范财务管理，本书通过案例的形式，梳理典型问题，分析其中的风险，使广大读者能够正确理解和运用规章制度。

本书共介绍了 84 个案例，涵盖预算决算、资金管理、资产管理、政府采购、项目管理、费用支出、制度建设和内部控制 7 个方面。每个案例在简要介绍基本情况的基础上，对存在的问题进行了分析解读，并摘录了相关的条例规范等作为延伸阅读，希望读者以案为鉴，提高认识和警惕，在财务管理工作中举一反三、引以为戒，正确理解和运用规章制度。

由于编者水平和经验有限，书中难免存在疏漏和不完善之处，敬请读者批评指正。

编者

2022 年 5 月

目　录

下编　财务相关法律、法规、制度和规范

上　编

案例分析解读

第一部分　预算决算方面

一、预算编制编报不准确问题

案例一　20××年，某事业单位将在编不在岗的人员作为实有人员数编报部门预算。

案例解析

该案例属于预算编报不准确问题，单位应该按照在编在岗实际人数编报预算。实际工作中，还可能存在以下情况：人员长期不上班，单位仍申报编制，足额领取工资；借调人员借出、借入单位双方都编制人员预算，导致借调人员领取双份工资；人员已调整工作单位，但由于原单位工资高，故工资关系长期不转，占用原单位编制；等等。以上这些都属于在编不在岗人员领取工资、津贴补贴的违规情况，反映出单位存在人事管理制度不健全、编制不透明、对人事和财务状况监管不力等问题，严重的可能会造成“吃空饷”的问题。

延伸阅读

《中华人民共和国预算法》(2018 年)

第三十六条　各级预算收入的编制，应当与经济社会发展水平相适应，与财政政策相衔接。

各级政府、各部门、各单位应当依照本法规定，将所有政府收入全部列入预算，不得隐瞒、少列。

第三十七条　各级预算支出应当依照本法规定，按其功能和经济性质分类编制。

各级预算支出的编制，应当贯彻勤俭节约的原则，严格控制各部门、各单位的机关运行经费和楼堂馆所等基本建设支出。

各级一般公共预算支出的编制，应当统筹兼顾，在保证基本公共服务合理需要的前提下，优先安排国家确定的重点支出。

《党政机关厉行节约反对浪费条例》(2013年)

第七条　党政机关应当加强预算编制管理，按照综合预算的要求，将各项收入和支出全部纳入部门预算。

党政机关依法取得的罚没收入、行政事业性收费、政府性基金、国有资产收益和处置等非税收入，必须按规定及时足额上缴国库，严禁以任何形式隐瞒、截留、挤占、挪用、坐支或者私分，严禁转移到机关所属工会、培训中心、服务中心等单位账户使用。

二、预算执行不严格问题

案例二　某事业单位20××年6月初支付7月的人员工资；某事业单位20××年6月支付7—8月的离退休人员工资；某事业单位12月在当年电费完全支付的情况下提前支付下一年度的电费。

案例解析

该案例中，上述单位未严格按照审定的年度预算和用款计划进行资金支付。实际工作中，有的单位并未按照年度预算和用款计划支出，尤其是在统计预算执行进度的时间节点上，可能会存在为了加快预算执行而提前支出的情况。这些情况反映出某些单位存在预算编制不合理、与实际支出相脱节的问题，也可能存在支出审批不严格、支出随意性较大的问题。

案例三 某事业单位有一项目于20××年6月底支付一笔50万元的委托业务费，当年7月国库支付平台显示该单位有一笔50万元的经费退回，造成该单位该项目预算执行率下降。经询问，是由于该单位为完成预算执行进度，便于6月先用该项目经费50万元支付了其他项目款，导致7月该笔经费被退回。

案例解析

该案例存在未严格按照审定的年度预算和用款计划进行资金支付的问题，同时还存在跨项目混用财政资金的问题。实际工作中，有的单位为达到预算执行进度，通常会采取故意打错汇款账户信息，完成月底或年底执行进度达标要求，但款项下月又退回的手段。此种手段看似并未造成财政资金实际上的损失，但是由于资金的支出、退回存在一定的时间差，有可能会被有心之人利用牟取私利，例如先将资金转移至相关单位账户，赚取一定的利息，甚至挪为私用，过后再将钱退回。

案例四 20××年×月，某事业单位从零余额账户提取现金18万元，存入本单位基本账户，用于缴纳单位职工的社会保险。经查，该笔提取的额度远远大于该月单位应缴纳的职工社会保险金额。

案例解析

该案例存在为完成预算执行进度，通过大额提现方式从零余额账户转移远超过实际经济业务活动所需资金至其他账户的问题。实际工作中，有的单位为躲避国家对财政专户的监控或出于其他原因，随意提取大额现金用于各种支出，违反了国家的现金管理制度。

延伸阅读

《中华人民共和国预算法实施条例》(2020年)

第五十七条　各级政府财政部门应当加强对预算资金拨付的管理，并遵循下列原则：

(一)按照预算拨付，即按照批准的年度预算和用款计划拨付资金。除预算法第五十四条规定的在预算草案批准前可以安排支出的情形外，不得办理无预算、无用款计划、超预算或超计划的资金拨付，不得擅自改变支出用途；

(二)按照规定的预算级次和程序拨付，即根据用款单位的申请，按照用款单位的预算级次、审定的用款计划和财政部门规定的预算资金拨付程序拨付资金；

(三)按照进度拨付，即根据用款单位的实际用款进度拨付资金。

《现金管理暂行条例》(2011年)

第三条　开户单位之间的经济往来，除按本条例规定的范围可以使用现金外，应当通过开户银行进行转账结算。

第五条　开户单位可以在下列范围内使用现金：

(一)职工工资、津贴；

(二)个人劳务报酬；

(三)根据国家规定颁发给个人的科学技术、文化艺术、体育等各种奖金；

(四)各种劳保，福利费用以及国家规定的对个人的其他支出；

(五)向个人收购农副产品和其他物资的价款；

(六)出差人员必须随身携带的差旅费；

(七)结算起点以下的零星支出；

（八）中国人民银行确定需要支付现金的其他支出。

前款结算起点定为1000元。结算起点的调整，由中国人民银行确定，报国务院备案。

三、无预算、超预算问题

案例五　20××年，某事业单位在决算编制中从公用经费列支机关离退休支部书记工作补贴6万元；某事业单位发放值班费、加班费等人员经费4.72万元，计入"基本支出—商品和服务支出"科目。

案例解析

该案例属于人员经费挤占公用经费问题。人员经费是指根据国家规定的工资标准，用于单位在职人员的工资福利支出与对个人和家庭的补助支出；公用经费是指单位购买商品和服务的支出。案例中，离退休工作补贴属于人员经费，该事业单位从公用经费中列支，不符合规定；"基本支出—商品和服务支出"属于公用经费支出科目，而值班费、加班费属于人员经费，应计入"基本支出—工资福利支出"。

案例六　20××年，审计人员检查发现，某事业单位项目支出超预算执行20.15万元。原因在于招投标代理费、设备采购费、决算审计费等各类费用在编制预算时无法精准测算，存在费用误差，导致项目超预算20.15万元，从项目实施单位自有资金列支。

案例解析

该案例属于无预算、超预算安排项目经费问题。按照规定，项目资金的支出应按照预算执行，执行过程中，如果出现需要调整预算的情况，应按照规定的程序报批。实际工作中，有的单位项目资金出现无预算、超预算支出的情况，可能是项目实际实施过程中出现无法预计的情况，此时需要列支预算未涵盖范围的资金支出，应按照财政部相关要求调整预算后再列支；也可能是某些单位在编制项目预算时，存在"要钱与谋事相割裂，即先要钱、怎么花看情况再说"的问题，预算列支的支出并无实质性内容，造成预算对支出毫无约束力，存在预算与实际支出相脱节的情况。

案例七 20××年，审计人员检查发现，某垂直管理的事业单位因工作安排调整等原因，未能按年初计划安排业务人员参加业务专项培训，便将该专门项目的培训预算经费20万元统筹安排到另一项目。该培训专门项目为中央财政安排的项目。

案例解析

该案例属于混用项目预算问题，根本上也属于无预算、超预算安排项目经费问题。按照规定，项目的资金支出要按照预算执行，不能无预算、超预算支出。项目预算资金需要调整的，应按照规定的程序报批。实际工作中，有的单位存在为完成预算，将在一个项目中无法执行的预算擅自调整至另一个项目，或者为了避免项目结转资金交回财政部，擅自调整结转资金至其他项目的情况——这些均属于违规行为。

延伸阅读

《中华人民共和国预算法》(2018年)

第十三条 经人民代表大会批准的预算，非经法定程序，不得调整。各级政府、各部门、各单位的支出必须以经批准的预算为依据，未列入预算的不得支出。

《中央本级项目支出预算管理办法》(2007年)

第二十八条　项目支出预算一经批复，中央部门和项目单位不得自行调整。预算执行过程中，如发生项目变更、终止的，必须按照规定的程序报批，并进行预算调整。

《基本建设财务规则》(2017年)

第十六条　项目建设单位编制项目预算应当以批准的概算为基础，按照项目实际建设资金需求编制，并控制在批准的概算总投资规模、范围和标准以内。

项目建设单位应当细化项目预算，分解项目各年度预算和财政资金预算需求。涉及政府采购的，应当按照规定编制政府采购预算。

项目资金预算应当纳入项目主管部门的部门预算或者国有资本经营预算统一管理。列入部门预算的项目，一般应当从项目库中产生。

第二十条　项目主管部门应当按照预算管理规定，督促和指导项目建设单位做好项目财政资金预算编制、执行和调整，严格审核项目财政资金预算、细化预算和预算调整的申请，及时掌握项目预算执行动态，跟踪分析项目进度，按照要求向财政部门报送执行情况。

四、预算和决算差异大问题

案例八　20××年，某局本级决算中体现附属单位上缴收入30万元，事业收入121.4万元，上年结转和结余资金42.5万元，但在年初预算编制中均未体现。

案例解析

该案例属于因预算编制不完整导致预算和决算差异大问题。预算收入范围包括：一般公共预算财政拨款收入、政府性基金预算财政拨款收入、国有资本经营预算财政拨款收入、上级补助收入、事业收入、经营收入、附属单位上缴收入、其他收入。按照规定，单位编制年度预算时，要把所有资金性质和来源的收入都纳入年度预算中，同时要按照预算编制内容和科目执行，不得擅自改变预算支出的用途。实际工作中，由于单位预算编制缺乏科学性、准确性，在编制下一年预算前，没有对本级及下属事业单位、企业的年度收入支出有完整的统筹，导致预算编制不完整。

延伸阅读

《中华人民共和国预算法》(2018 年)

第四条　……政府的全部收入和支出都应纳入预算。

第六十三条　各部门、各单位应当加强对预算收入和支出的管理，不得截留或者动用应当上缴的预算收入，不得擅自改变预算支出的用途。

第七十五条　编制决算草案，必须符合法律、行政法规，做到收支真实、数额准确、内容完整、报送及时。

五、决算数据与账务数据不一致问题

案例九　某事业单位商品和服务支出账务比决算报表少记 7.51 万元，资本性支出账务比决算报表多记 7.51 万元，账务与决算报表相比少记津贴补贴 6.51 万元，多记基本工资 6.51 万元；某事业单位账务与决算报表相比少记日常公用经费支出 12 万元，多记人员经费支出 12 万元，工资福利支出账务与决算报表相比少记 3.94 万元，多记个人和家庭的补助支出 15.94 万元。

案例解析

该案例属于账表不一致问题。决算编制要求各单位根据核对准确的账务数据编制，保证会计各账簿数据与填报的决算报表数据完全一致。实际工作中，会计人员填报决算时经常会发现会计账务处理错误或账务上数据与预算数据不一致的情况，但会计人员仅是调整决算表上的数据，忘记或忽略了要同时对账务上的错误进行调整，导致出现账表不一致的情况。

案例十 某事业单位房屋决算数据与国有资产报告不一致，差异 450 万元。

案例解析

该案例属于账表不一致问题。决算报表中资产、负债、人员、非税收入征缴数据的填列要与国有资产报告、统计数据等相关报告中的数据保持一致。实际工作中，由于某些单位财务管理和会计核算分别由不同部门承担，相关部门之间缺乏数据的核对反馈，取数口径不统一，这样会导致不同口径统计报告中同一项数据列报不统一，最终会导致在日后的决算质量监督检查中存在风险，从而影响国家相关部门对资金使用效益的分析，以及用于部门资产、负债规模与结构分析等数据的准确性和完整性。

案例十一 某事业单位国有资产信息填报错误，80 平方米“办公用房”误填入“其他用房”，涉及金额 4 万元；“三公”经费及相关实物量填报错误，无公务用车却列支公务用车运行维护费 3.99 万元。

案例解析

该案例属于表实不一致问题。决算报表的编制一定要保证数据的真实、完整、准确，所以决算报表一定要根据单位的真实数据进行编制。

案例十二 在检查决算报表账表一致性的过程中发现，某事业单位财务会计账反映的银行存款与预算会计反映的银行存款，“期初余额”“本期发生额”与“累计发生额”数据不一致。

案例解析

该案例属于账账不一致问题。财务会计和预算会计相应科目数据之间不一致。根据要求，纳入范围内需要按照政府会计制度进行核算的行政事业单位，需要按权责发生制进行财务会计核算，同时按收付实现制进行预算会计核算，两者的核算结果中，财务会计中的“银行存款”科目和预算会计中“资金结存—银行存款”科目的“期初余额”“本期发生额”与“累计发生额”数据应该是一致的。各单位在编制决算报表前一定要认真进行对账、结账，清理收支账目、往来款项，并关注财务会计和预算会计之间的勾稽关系和内在数据联系，这样才能保证决算数据的真实性、完整性、准确性。

延伸阅读

《部门决算管理办法》(2021 年)

第十二条 各部门、各单位应当全面清理核实收入、支出等情况，并在办理年终结账的基础上编制决算。具体程序是：

(一)清理收支账目、往来款项，核对年度预算收支和各项缴拨款项，做到账实相符、账证相符、账表相符、表表相符。

(二)按照规定的时间结账，不得提前或者延迟。

（三）根据预算会计核算生成的数据、财政部门对预算的批复文件等编制决算，如实反映年度内全部收支，不得以估计数据替代，不得弄虚作假。

《部门决算管理制度》(2021年)

第四十六条　部门决算数据质量监督检查的内容由财政部每年根据部门决算编制情况以及财政检查工作要求予以确定。基本内容包括：上下级财政部门决算报表是否表表一致、单位会计账簿与决算报表是否账表一致、决算编报范围与预算编报范围是否一致等。各地区可结合本地区实际情况对监督检查内容进行补充。

第四十七条　被选定为监督检查对象的单位必须依照有关法律、法规，接受财政部门依法实施的监督检查，按照监督检查工作的要求，及时提供所需会计凭证、会计账簿、会计报表等有关会计资料，并如实反映有关情况。

六、超预算支出，违反规定扩大开支范围、提高开支标准问题

案例十三　20××年，某事业单位当年财政拨款专项业务经费40万元，其中3.39万元用于支付另一科研课题项目的办公费、差旅费等；举办一次四类会议，报道离开时间为1天，会议会期为1天，参会人员40人，会议费支出4.64万元，人均支出580元/天，超出550元/天的标准。

案例解析

该案例属于超范围支付项目经费、超标准支付会议费的问题。按照规定，各单位应加强对预算支出的管理，严格执行预算，不得擅

自扩大支出范围、提高开支标准。实际工作中，有的单位为完成预算执行进度，将专项业务经费用于其他项目支出或者用于人员加班费、值班费；有的单位在公用经费中支付离退休人员医疗费；有的单位超定额报销会议费、培训费或差旅费等，这些都是超范围、超标准支出，属于违规行为。

延伸阅读

《中华人民共和国预算法实施条例》(2020 年)

第六十条　各级政府、各部门、各单位应当加强对预算支出的管理，严格执行预算，遵守财政制度，强化预算约束，不得擅自扩大支出范围、提高开支标准；严格按照预算规定的支出用途使用资金，合理安排支出进度。

《事业单位财务规则》(2022 年)

第二十三条　事业单位的支出应当厉行节约，严格执行国家有关财务规章制度规定的开支范围及开支标准；国家有关财务规章制度没有统一规定的，由事业单位规定，报主管部门和财政部门备案。事业单位的规定违反法律制度和国家政策的，主管部门和财政部门应当责令改正。

七、虚列支出，套取财政资金问题

案例十四　20××年，某事业单位的往来款科目余额变动频繁，经查，其他应付款中暂存了大量的收入资金，单位在使用该资金时，计入其他应付款科目，用往来款直接列支，未按规定计入收入和支出科目；某事业单位经批复的维修改造工程费 50 万元，在维修改造合同中约定的门窗材料单价异常，经审计人员核实，发现该合同中涉及的门窗实际上并未维修。

案例解析

上述案例中的某事业单位违规利用往来款项规避账面列收列支，以虚构合同的方式套取财政资金。实际工作中，有的单位为了减少结转结余资金或以套取资金为目的，采取未支列支、少支多报等手段，或者将应属于当年的支出未按规定在当年列支出等，都属于虚列支出。具体表现有：虚构服务合同、工程发包合同、采购合同等，伪造发票报销虚构的劳务费、办公费、委托业务费等；在报账时设法加大支出金额，从而侵吞差额虚增支出，如虚增发包工程量、虚增合同或发票支出、虚增人员及工资并冒领、重复报销等。虚列支出是预算执行中典型的违法违规行为，违反了《中华人民共和国会计法》，这是严重的造假行为，根据情节严重程度、造成的危害程度，甚至会触犯《中华人民共和国刑法》。因此，对于通过弄虚作假、虚构交易、以虚假发票报销等手段骗取资金、套取现金的虚假经济活动，一定要予以重视。

延伸阅读

《中华人民共和国预算法》(2018年)

第五十七条　……各级政府、各部门、各单位的支出必须按照预算执行，不得虚假列支。

第九十三条　各级政府及有关部门、单位有下列行为之一的，责令改正，对负有直接责任的主管人员和其他直接责任人员依法给予降级、撤职、开除的处分：

（一）未将所有政府收入和支出列入预算或者虚列收入和支出的。

《党政机关厉行节约反对浪费条例》(2013 年)

第八条　党政机关应当遵循先有预算、后有支出的原则，严格执行预算，严禁超预算或者无预算安排支出，严禁虚列支出、转移或者套取预算资金。

八、违规调整预算问题

案例十五　某事业单位经批准的实验室改建项目于20××年3月开始实施，经批复的项目支出预算为200万元，全部由财政以授权方式安排。由于施工期间材料不符合国家标准，相关负责人被彻查，致使项目改建工程在当年无法如期实施，经单位领导层研究决定，将该项目资金用于下半年的应用软件研发项目。

案例解析

项目支出预算一经批复，各单位应当按照批复的项目支出预算组织项目的实施，严格执行项目计划和项目支出预算，不得自行调整。预算执行过程中，如发生项目变更、终止的，必须按照规定的程序报财政部门批准，并进行预算调整。实际工作中，有的单位未经财政部门批准，在本部门和部门以外调剂预算资金；未经批准，在不同功能分类科目间调剂预算、将结转资金调剂用于其他支出；或者人员经费和日常公用经费之间自主调整等，均属于违规调整预算行为。

延伸阅读

《中华人民共和国预算法》(2018年)

第七十二条　各部门、各单位的预算支出应当按照预算科目执行。严格控制不同预算科目、预算级次或者项目间的预算资金的调剂,确需调剂使用的,按照国务院财政部门的规定办理。

九、挤占挪用财政资金问题

案例十六　某事业单位20××年经批复的专项业务经费80万元,其中20万元被挪用于基建工程项目支出;业务运行费40万元,其中5万元被挪用于发放职工津补贴,弥补人员经费的不足。

案例解析

这属于挤占挪用财政资金的典型案例。有的单位"专款专用"意识不强,被挤占挪用的资金多用于弥补经费不足、发放福利津贴等。项目建设资金使用过程中被挤占挪用的现象也比较常见。有的单位因预算执行进度未达标,违规出借挪用资金,如先将工程款支付给施工单位,几个月后再返还;有的单位违规使用资金进行营利活动,如购买基金等理财产品。按照《中华人民共和国刑法》,挪用资金在三个月以上便构成"挪用资金罪"。因此,不能错误地认为只要收回资金、没有造成损失就没有问题。

延伸阅读

《行政单位财务规则》(2023 年)

第二十二条　行政单位从财政部门或者上级预算单位取得的项目资金,应当按照批准的项目和用途使用,专款专用,在单位统一会计账簿中按项目明细单独核算……

《事业单位财务规则》(2022 年)

第二十四条　事业单位从财政部门和主管部门取得的有指定项目和用途的专项资金,应当专款专用、单独核算……

《财政部关于进一步加强和改进行政事业单位国有资产管理工作的通知》(2018)

五、严格控制资产出租出借和对外投资……严禁违规出借资金给下属单位或关联单位使用。

《财政部关于进一步加强财政部门和预算单位资金存放管理的指导意见》(2017 年)

七、工作要求

(三)……财政部门和预算单位不得采取购买理财产品的方式存放资金……

第二部分　资金管理方面

一、公务卡管理不规范问题

1. 公务卡使用

案例十七　20××年×月，某事业单位支付车辆保险费8077.65元至职工个人储蓄卡账户，该项支出为单位一辆公务车的车辆保险费，发票、合同销售方为某保险公司。该单位职工为经办人，因办理业务时自行垫付了支出，经费报销时，款项便支付给了职工个人。

案例解析

上述案例未按照要求使用公务卡结算。按照规定，公务用车运行维护费（燃料费、维修费、保险费等支出）属于公务卡强制执行目录内容。常见的类似情况还有水电费、办公费、邮电费、维修（护）费、专用材料费等支出。一些职工办理业务时图省事，随意采用现金、其他银行卡或者未绑定公务卡的微信、支付宝等自行支付，报销时单位财务直接把报销款打入经办人储蓄账户，经常出现公务卡“有卡不用”的现象，不能充分发挥公务卡制度的监督作用。使用公务卡支付，每一笔支出都留有痕迹，可以查到收款人、付款人、支付金额、支付时间等资金流动信息，便于对财政资金的全方位监控。采用现金、个人微信或支付宝等方式办理业务时，资金流向不明确，收款人和收款金额存在不确定性，可能会隐匿一些造假套取财政资金的违规行为，比如报销金额大于实际支付金额、实际收款人与发票单位不一致等。

延伸阅读

《财政部关于实施中央预算单位公务卡强制结算目录的通知》(2011年)

二、严格执行公务卡强制结算目录

（一）所有实行公务卡制度改革的中央预算单位，都应严格执行中央预算单位公务卡强制结算目录。

（二）凡目录规定的公务支出项目，应按规定使用公务卡结算，原则上不再使用现金结算。原使用转账方式结算的，可继续使用转账方式。

附件：

中央预算单位公务卡强制结算目录

序号	公务卡结算项目	备注
01	办公费	指单位购买按财务会计制度规定不符合固定资产确认标准的日常办公用品、书报杂志等支出
02	印刷费	指单位的印刷费支出
03	咨询费	指单位咨询方面的支出
04	手续费	指单位支付的手续费支出
05	水电费	指单位支付的水电费支出
06	邮电费	指单位开支的电话费、电报费、传真费、网络通讯费等支出
07	物业管理费	指单位开支的办公用房、职工及离退休人员宿舍等的物业管理费，包括综合治理、绿化、卫生等方面的支出
08	差旅费	指单位工作人员因出差支付的住宿费、购买机票支出等

续表

序号	公务卡结算项目	备注
09	维修(护)费	指单位日常开支的固定资产(不包括车船等交通工具)修理和维护费用,网络信息系统运行与维护费用
10	租赁费	指租赁办公用房、宿舍、专用通讯网以及其他设备等方面的费用
11	会议费	指会议中按规定开支的房租费、伙食补助费以及文件资料的印刷费、会议场地租用费等
12	培训费	指各类培训支出
13	公务接待费	指单位按规定开支的各类公务接待(含外宾接待)费用
14	专用材料费	指单位购买日常专用材料的支出。具体包括药品及医疗耗材,农用材料,兽医用品,实验室用品,专用服装,消耗性体育用品,专用工具和仪器,艺术部门专用材料和用品,广播电视台发射台发射机的电力、材料等方面的支出
15	公务用车运行维护费	指公务用车的燃料费、维修费、保险费等支出
16	其他交通费用	指单位除公务用车运行维护费以外的其他交通费用。如飞机、船舶等的燃料费、维修费、保险费等

2. 公务卡还款

案例十八　20××年×月,某事业单位支付差旅费1.52万元至职工个人储蓄卡账户。经核实,该事项为职工参加函授学习报销的差旅费,该职工当时使用了公务卡结算,但由于时间间隔较长,公务卡小票遗失,且已经自行还款,报销时便转款给个人。

案例解析

上述案例存在公务卡还款不规范问题。类似情况在实际工作中比较常见,一些人误以为只要在结算环节使用公务卡就可以了,由于各种原因导致不能在规定的免息还款期内办理报销业务的,便自行还款了事，报销业务时款项直接转至个人储蓄账户。这导致公务卡的使用和还款业务脱节，收款方不能体现真实经济交易信息，使得公务卡的监督作用大打折扣，长期如此还会打击业务办理人员使用公务卡结算的积极性。

案例十九　20××年×月，某事业单位支付电费5000元至职工个人储蓄卡账户。经核实，该单位缴费人员在本辖区供电所进行电费缴存时，使用公务卡进行支付结算（因当天供电所POS机出现故障，便使用微信绑定的公务卡进行支付）。在进行账务报销时，由于出纳人员变动，对业务不熟练，在转账时未见公务卡刷卡回单，故将此笔费用转至个人储蓄卡账户。

案例解析

上述案例存在公务卡还款不规范问题。一些基层单位财务人员多为非专业人员兼职且经常变动，对财务制度规定的学习不够，对公务卡还款的有关规定不太了解，未能审核公务消费的真实性，使得公务卡制度执行不到位。

3. 公务卡日常管理

案例二十　20××年×月，某事业单位支付办公费3800元至某职工个人储蓄卡账户。经核实，因该职工未在该单位公务卡系统里备案，无法进行公务卡还款，但在报销时已提供公务卡刷卡签购单等报销凭证，故向个人账户划转资金。

案例解析

上述案例属于未按照要求做好公务卡日常管理。该单位存在公务卡管理部门对公务卡办卡、开卡、维护等事项重视程度不够，相关事项办理不及时的问题。在一些地区，部分银行工作人员对公务卡业务不了解，使得预算单位的公务卡业务办理流程不顺畅，单位需要加强与银行的沟通交流，必要时可通过上级部门协调解决。

案例二十一　20××年×月，某事业单位支付购买办公用品费用4800元至某职工个人储蓄卡账户。经核实，因个人公务卡损坏，使用个人其他信用卡消费，故转账给个人账户。

案例解析

该持卡人未做好公务卡的妥善保管，类似的情况还有遗忘公务卡密码、丢失公务卡或过期未及时补办等。持卡人应加强对公务卡制度的了解和重视，妥善保管公务卡的卡片和密码，出现公务卡过期或者损毁丢失等问题应及时处理解决。另外，持卡人可以将公务卡与微信、支付宝等进行绑定，消除因实体卡毁损带来的不便。

延伸阅读

《中央预算单位公务卡管理暂行办法》(2007年)

第七条　预算单位财务部门应当依托公务卡支持系统，认真审核公务卡报销事项。对于批准报销的公务卡消费支出，应当按规定时间，通过零余额账户办理向公务卡的资金还款手续。

第八条　公务卡由中央预算单位统一组织本单位工作人员向发卡行申办。公务卡申办成功后，经预算单位确认核实，由发卡行将持卡人姓名和卡号等信息统一录入公务卡支持系统管理。

第九条　预算单位在工作人员新增或调动、退休时，应及时组织办理公务卡的申领或停止使用等手续，并通知发卡行及时维护公务卡支持系统。现有工作人员涉及公务卡的相关信息变动时，应及时通知发卡行维护公务卡支持系统。

第十四条　公务卡的卡片和密码均由个人负责保管。公务卡遗失或损毁后的补办等事项由个人自行到发卡行申请办理，并通过单位财务部门及时通知发卡行维护公务卡支持系统。

第二十三条　确因工作需要，持卡人不能在规定的免息还款期内返回单位办理报销手续的，可由持卡人或其所在单位相关人员向单位财务部门提供持卡人姓名、交易日期和每笔交易金额的明细信息，办理相关借款手续，经财务部门审核批准，于免息还款期之前，先将资金转入公务卡，持卡人返回单位后按财务部门规定时间补办报销手续。

第二十四条　单位财务人员登录公务卡支持系统，根据持卡人提供的姓名、交易日期和消费金额等信息，查询核对公务消费的真实性，审核确认后批准报销。

二、账户管理、划转资金不规范问题

1. 银行账户设立

案例二十二　20××年×月，某省级事业单位从零余额账户“授权支付—基本支出”购买端午节福利经费 6600 元。

案例解析

该单位银行账户管理不规范，未按要求设立独立的工会经费账户，未进行独立核算。

延伸阅读

《基层工会经费收支管理办法》(2017 年)

第三条　基层工会经费收支管理应遵循以下原则：

（二）经费独立原则。基层工会应依据全国总工会关于工会法人登记管理的有关规定取得工会法人资格，依法享有民事权利、承担民事义务，并根据财政部、中国人民银行的有关规定，设立工会经费银行账户，实行工会经费独立核算。

2. 财政资金向实有资金账户划转

案例二十三　20××年×月，某事业单位将零余额账户资金直接转入本单位实有资金账户，共转账5笔，金额合计9.93万元。其中，用途为维修维护的共3笔，金额合计7.93万元；用途为购买汽油的共2笔，金额合计2万元。该单位确认，7.93万元为支付机房工程款，分别从不同项目中将财政资金转账至本单位账户，再通过本单位账户统一进行支付。

案例解析

上述案例属于未经批准擅自向实有资金账户划转资金。财政部对财政资金向实有资金账户划转有严格的限制，只有符合规定的才可以划转，有的单位未经批准擅自划转资金或者超范围提前划转，比如，将本应分期划转的费用提前一次性划转，或者划转社保缴费超出实际支付额度等。一方面，此种行为属于违规划转；另一方面，财政资金转移后脱离监管，可能存在资金支出不合规的情况。

延伸阅读

《财政部关于中央预算单位预算执行管理有关事宜的通知》（2020年）

一、做好用款计划编报

（一）预算单位要严格按照财政部规定的支付方式划分标准，确定资金支付方式。除下列情形外，单笔支付金额在500万元(含)以上的支出实行财政直接支付，单笔支付金额在500万元以下的支出实行财政授权支付：

1. 纳入财政统发范围的工资津贴补贴、离退休费，国有资本经营预算支出，以及财政部规定的有特殊管理要求的支出，实行财政直接支付；

2. 未纳入财政统发范围的工资津贴补贴、离退休费，社会保险缴费，职业年金缴费，住房改革支出，日常运行的水费、电费、应由单位支付给供热企业的取暖费，按规定计提的工会经费，需兑换外汇进行支付的支出，以及财政部批准的其他支出，实行财政授权支付。

二、严控向实有资金账户转款

(四)除下列情形外，预算单位不得从本单位零余额账户向本单位或本部门其他预算单位实有资金账户划转资金：

1. 依照政府购买服务相关制度规定，按合同约定需向本部门所属事业单位支付的政府购买服务支出；

2. 确需划转的工会经费、住房改革支出、应缴或代扣代缴的税金，以及符合相关制度规定的工资代扣事项；

3. 暂不能通过零余额账户委托收款的社会保险缴费、职业年金缴费、水费、电费、取暖费等；

4. 报经财政部(国库司)同意的归垫资金和其他资金。

三、发票管理、使用不合规问题

案例二十四　20××年×月，某事业单位报销办公耗材费用时发现，个别发票在税务查验平台查验时结果显示“不一致”。

案例解析

上述案例属于使用不合规票据报销的情形。发票是保障国家税收收入、维护经济秩序的重要手段,随着金税系统的不断升级推广,发票管理越来越规范,但是仍然存在一些问题,比如无发票列支或者虚假发票列支。实际工作中的类似问题还有:使用已作废的发票或财政票据报销、发票的付款人名称与报销单位不一致、发票的收款人名称和发票专用章名称不一致等,此类票据均为不合规票据,不应作为报销凭证。

案例二十五　20××年,某事业单位财务检查发现,部分发票未加盖发票专用章。

案例解析

按照规定,发票需要加盖发票专用章,未加盖发票专用章的发票原则上无法律效力。实际工作中,有的单位使用该类发票,实际并没有真实的经济交易发生,存在以发票套取资金的隐患。

案例二十六　20××年,某事业单位9月报销的办公费中,其中一张198元的"办公用品"电子发票,已经在5月报销过了。经查,该单位对电子发票缺少登记查重管理。

案例解析

电子发票的使用越来越普及,方便的同时也增加了一些风险。电子发票的纸质打印件只是信息的载体,具有可复制的特点,不具备物理防伪功能。很多单位虽然实行发票电子化了,但报销系统并没有跟着一起升级。为避免电子发票的纸质打印件重复报销入账,各单位应建立完善的内控机制,严格按照规定执行。以电子发票的纸质打印件作为报销入账归档依据的，必须同时保存其所对应的电子发票。同时，应在报销入账时对发票代码、号码进行查重处理。

案例二十七 会计人员在日常报销检查发票是否作废时发现，某报销人在某东网站购买办公用品的电子发票已经作废。经过对报销人进行询问得知，该报销人在付款交易结束后无意中申请了该订单的一键价保服务，由于该电子发票里销售的商品价格降低了，产生了退款，从而使得该张电子发票被作废。会计人员将该张发票在报销系统退回报销人，由报销人删除后，重新按照新的电子发票进行报销。会计人员提醒该单位报销人员报销之后不能进行一键价保的操作，否则可能会引起之前报销的发票作废的情况，从而引起不必要的麻烦。

案例解析

"价格保护"服务（以下简称"价保"）是指当消费者购买带有"大促价保"服务标识的商品时，在消费者支付订单后，商品在价保承诺时间内，因商家调整同一商品价格，导致消费者购买的商品出现降价情况，消费者可申请退差价，系统将根据本规则计算并退还差价。通常情况下，价格保护的期限有七天、十五天和三十天。但是与此同时，之前开具的电子发票也会被开具方自动作废。如果报销人故意不主动告知财务人员自己申请了价格保护，长此以往，则存在套现的财务风险。而且作废发票属于非有效的票据，不能入账，否则存在违规风险。

电子发票的作废一直存在一定的风险和隐患。开具方作废电子发票后，报销方如何得知此消息，一直是难以解决的问题。金税三期系统在这方面作出了有效的探索。付款方的单位在税务系统里会弹出通知，告知收款方作废发票的信息包括发票号码。但在各单位报销系统里没有相应的消息接收功能。如何将金税三期的作废发票信息与各单位报销系统的发票信息进行有效对接，是电子发票普及之后亟待解决的问题和困难，值得广大会计人员进行深入的探索和思考。

延伸阅读

《中华人民共和国发票管理办法》(2019 年)

第二十条　所有单位和从事生产、经营活动的个人在购买商品、接受服务以及从事其他经营活动支付款项，应当向收款方取得发票。取得发票时，不得要求变更品名和金额。

第二十一条　不符合规定的发票，不得作为财务报销凭证，任何单位和个人有权拒收。

第二十二条　开具发票应当按照规定的时限、顺序、栏目，全部联次一次性如实开具，并加盖发票专用章。

《财政部 国家档案局关于规范电子会计凭证报销入账归档的通知》(2020 年)

三、除法律和行政法规另有规定外，同时满足下列条件的，单位可以仅使用电子会计凭证进行报销入账归档：

(一)接收的电子会计凭证经查验合法、真实；

(二)电子会计凭证的传输、存储安全、可靠，对电子会计凭证的任何篡改能够及时被发现；

(三)使用的会计核算系统能够准确、完整、有效接收和读取电子会计凭证及其元数据，能够按照国家统一的会计制度完成会计核算业务，能够按照国家档案行政管理部门规定格式输出电子会计凭证及其元数据，设定了经办、审核、审批等必要的审签程序，且能有效防止电子会计凭证重复入账。

四、单位以电子会计凭证的纸质打印件作为报销入账归档依据的，必须同时保存打印该纸质件的电子会计凭证。

四、违规设立“小金库”问题

案例二十八 审计人员对某事业单位进行审计时发现，该单位将部分房屋出租给不同的公司和个体户，根据面积大小不同收取2万元到10万元不等的租金。20×6年至20×8年，账上每年反映的租金收入差距很大，且多为现金收取，核对租赁合同发现，账上反映的租金收入与合同应收租金每年差距为10万～12万元。该单位解释说，一些承租方因经营不佳，部分租金没有收到。经进一步了解核查发现，在具体收取租金时，由该单位负责后勤管理的人员年初从单位财务部门借领一本发票，直接向承租方收取现金，定期将发票存根和现金交单位财务部门。根据这一情况，审计人员要求单位提供承租方欠交租金的欠条，单位无法提供。最后，单位承认有部分租金因承租方不要发票，故将现金收取且将承租方不要发票的收入设立了“小金库”。

案例解析

按照规定，事业单位的各项收入都要统一核算和管理，务求全面、真实、准确，坚决防止私分、瞒报收入。实际工作中，有的单位未将全部收入纳入统一核算和管理，而是截留后私设“小金库”，用于单位不便从账上列支的支出，甚至挪作个人所用，违反了财经纪律。

案例二十九 审计人员对某事业单位进行审计时发现，该单位投资开办了一个公司。经查阅该单位和所属公司账簿发现，20×8年全年招待费仅几千元，延伸检查该单位和所属公司20×6

年、20×7年账簿发现，每年招待费均8万余元，20×8年比20×6年、20×7年下降了95%以上。经询问单位领导，领导先解释说由于20×8年狠抓工作作风，大力压缩了招待费，后又解释说，一些招待费是以会议费名义支出的。审计人员指出，以会议费名义虚列支出，将资金转移到宾馆、招待所等用于接待是属于设立“小金库”，严重违反了财经法规，且20×6年至20×8年该单位和所属公司会议费也呈逐年下降趋势。最后，该单位承认设立了“小金库”，将资金用于接待。

案例三十 审计人员对某事业单位进行审计时发现，该单位投资设立了一个公司，20×7年账上收到投资收益和所属公司的上缴款，但20×8年没有收到。延伸检查发现，该公司20×8年营业收入较20×7年大幅度减少，还发生了亏损。单位领导解释，由于20×8年公司经营不善，营业收入下降，故没有上缴款项。审计人员进一步检查该单位的津贴补贴发放情况发现，20×8年津贴补贴支出低于20×7年，而人员又没有减少。最后，该单位承认，为规避企业所得税和个人所得税，公司在20×8年设立了两本账，将部分收入转移到小账上，用于发放单位人员津贴补贴。

案例解析

按照规定，投资收益、附属单位上缴的收入均属于事业单位收入的一部分。实际工作中，为了规避企业缴纳各种税款，或为了规避事业单位对支出的监督管理，或为了违规列支不应支出的内容(如滥发津贴补贴)等，一些事业单位的下属企业经营实际产生效益却不上缴，或将部分资金以某些名目转到宾馆、饭店等进行不合规消费，以此设立“小金库”，均属于违规行为。

延伸阅读

《事业单位财务规则》(2022年)

第十八条　事业单位应当将各项收入全部纳入单位预算，统一核算，统一管理，未纳入预算的收入不得安排支出。

《关于在党政机关和事业单位开展"小金库"专项治理工作的实施办法》(2009年)

一、专项治理的范围和内容

(二)专项治理内容

违反法律法规及有关规定，应列入而未列入符合规定的单位账簿的各项资金(含有价证券)及其形成的资产，均纳入治理范围。重点是2007年以来各项"小金库"资金的收支数额，以及2006年底"小金库"资金滚存余额和形成的资产。对设立"小金库"数额较大或情节严重的，应追溯到以前年度。

"小金库"主要表现形式包括：

1. 违规收费、罚款及摊派设立"小金库"；

2. 用资产处置、出租收入设立"小金库"；

3. 以会议费、劳务费、培训费和咨询费等名义套取资金设立"小金库"；

4. 经营收入未纳入规定账簿核算设立"小金库"；

5. 虚列支出转出资金设立"小金库"；

6. 以假发票等非法票据骗取资金设立"小金库"；

7. 上下级单位之间相互转移资金设立"小金库"。

案例三十一　审计人员对某咨询评估机构进行审计时发现，该单位每年劳务费支出达20万元左右，每笔少则3000～5000元，多则

4万～5万元。单位解释说，由于工作需要，每年要聘请很多专家开展工作，需要支付劳务费，在支付凭证上均有专家名单、身份证号、领取金额及领款人签字。审计人员进一步核查发现，凡是张某某为经办人的劳务费支付凭证上，要么是张某某代签代领，要么在领款人签字栏均有专家“本人”签名，但不同的专家笔迹雷同。而且，有两笔金额高达2万元和15万元的劳务费支出，均由杨某某代签代领，但杨某某的两次签字笔迹完全不同。经核实，单位并没有杨某某其人。在证据面前，单位领导不得不承认通过劳务费套取现金设立“小金库”的事实，张某某正是领导授意具体掌管“小金库”的人员。

案例三十二　审计人员在对某高校进行审计时发现，该高校向所属未脱钩的杂志社支出了一笔10万元的宣传费，单位领导解释说，是因为单位要做一期专刊，并提供了合同和已出版的专刊。审计人员延伸检查该杂志社发现，杂志社确实收到了10万元宣传费，同时又向该高校分两笔支出了5万元劳务费，分别为2万元和3万元，全部为现金支出。在支付凭证上均有领款人名单、身份证号、领取金额及领款人签字，支付凭证上均标明为支付该专刊稿费。其中2万元的支付凭证上有具体领款人签字，而3万元的支付凭证上只有李某一人代签，而李某为该杂志社的工作人员。杂志社领导解释说，2万元稿费已经支付了，但发现计算错了，后来又重新计算，应再增加3万元，由李某代领。但审计人员发现，3万元的稿费支出时间早于那一笔2万元的稿费支出6天。经过审计人员宣传政策，单位承认2万元稿费发给了相关撰稿人员，但其余3万元设立了“小金库”。

案例解析

按照规定，实际提供了劳务的人员可以获取相对应的劳务报酬，没有实际发生劳务工作不应领取劳务报酬。实际工作中，某些单位私设名目，以劳务报酬的名义报销费用，将所套取的资金设立“小金库”。

案例三十三 审计人员对某事业单位进行审计时发现，该事业单位在经营支出中，开支了20笔共35万元的临时工劳务费。单位解释说，由于经营业务需要，每年要聘用大量的临时工，但不是由单位直接聘用，而是通过劳务公司聘用。进一步审核发现，有8笔劳务费的报销凭证均是税务机关代开的发票，支付的劳务费全部是现金。在检查劳务合同时发现，只有1笔劳务费有合同，其余7笔共8.3万元无合同。经过审计人员向单位领导做工作，其承认通过税务机关代开的发票虚列支出，套取现金设立了“小金库”。

案例解析

按照规定，劳务费是指个人独立从事各种非雇佣劳务而取得的所得，是个人从事自由职业取得的所得，必须是提供了设计、装潢、安装、测试、讲学、翻译等真实劳务方能获取对应的劳务报酬。实际工作中，有的单位为套取单位资金，虚构劳务事项，用报销所得资金设立单位“小金库”。

案例三十四 审计人员对某事业单位审计时发现，该单位于10月15日列支会议费4万元到某酒店，会议通知注明会议时间为10月23—26日，会期4天，所附会议人员名单20人。在延伸检查该事业单位所属公司时又发现，该公司于11月5日支出会议费8万元到同一酒店，会议通知注明会议时间为10月25—30日，会期6天，所附会议人员名单30人。经核查，两次会议人员名单有18人完全一致。在证据面前，该单位承认以会议名义将资金转移到某酒店，用于接待餐费和报销礼品费用。

案例解析

按照规定，会议召开应遵循厉行节约、反对浪费、规范简朴、务实高效的原则，严格控制会议数量和规模，提高会议效率和质量。按照不同层级的会议报请审批，经审批后的会议方能纳入会议计划，未纳入计划、不是必须召开的会议不应召开。实际工作中，有的单位为了套取会议费设立“小金库”，以虚报、冒领手段骗取会议费，属于违反财经纪律的行为。

案例三十五　审计人员对某后勤服务中心所属公司进行审计时发现，该公司多次向×公司采购材料，金额少则10万元，多则80万～90万元，且材料采购合同无单位公章，只有刘某一人签字，报销的发票上多数也只有刘某一人签字。单位领导解释，因为该公司部分业务由刘某承包，因此合同无公章。进一步核查发现，7月30日和7月31日，该公司在×公司分两批采购金额高达23万元和20万元的材料，合同上标注的采购材料的名称、型号、规格完全一致，但单价相差15%，且材料入库单和出库单均表明这两批材料当日进、当日出。在证据面前，单位领导和刘某承认其故意串通，将每年承包上缴任务从150万元降为50万元，刘某通过向×公司虚假采购材料，每年将75万元资金转移到单位“小金库”账上，用于发放职工津贴补贴。

案例解析

采购是单位为了满足物品（原材料、固定资产、办公用品等）或劳务（技术、服务等）等需要进行的各项经济业务活动。采购要做好询价，在满足单位需要的前提下，购买价格公道、质量合格的物品，并按要求与供应商签订合同，确定供货的数量、金额等。实际工作中，有的单位在采购业务方面管理不严格，通过签订虚假合同、购买物品明显高于市场价格等方式，套取资金设立“小金库”。

案例三十六 审计人员在对仅有50余人的某事业单位进行审计时发现，20×7年该单位账上办公费支出笔数多、单笔金额大；进一步核查原始凭证发现，该单位三次购买复印机，其中两台单价为5万元，一台单价为4万元，且均未履行政府采购程序。三台复印机只有单价为4万元的入了固定资产账，其余两台未入固定资产账。单位领导解释，该单位每年印刷资料比较多，因此购买复印机也比较多。审计人员突击实地核查了该单位复印机数量，只发现两台复印机，其中一台为20×5年购买、另一台为20×7年购买。经过审计人员宣传政策，该单位承认，实际未购买两台5万元的复印机，而是购买手机作为福利发给中层以上干部，支出5万元，另外5万元套取现金设立"小金库"。

案例解析

按照规定，凡属于政府采购目录范围的内容，均应通过政府采购的方式购买。单位取得的固定资产要按照规定登记台账，定期或不定期进行盘点，保证账实相符。实际工作中，有的单位未按照政府采购要求购买目录范围内的固定资产，存在规避政府采购的监管要求，私自购买后不入固定资产台账，挪作个人使用，或者与供应商串通、更改实际购买内容等问题。

案例三十七 审计人员在对某医院及所属公司进行审计时发现，该公司20×8年"其他应付款—其他"科目中，年初数为22.3万元，当年无增加，但多次支出劳务费、会议费、餐费等，支出凭证合法，手续齐全。该科目年末数为5.8万元。延伸检查发现，该科目有关资金是在20×6年12月底发生的，资金量为35万元，资金来源为该事业单位的设备购置款。核查该事业单位20×6年12月账簿发现，当月设备购置支出35万元，并以下属公司开具的发票报销，有相关合同但未入固定资产账。在证据面前，该单位承认，20×6年预算结余35万元，以设备购置费名义将资金转移到所属公司，设立“小金库”，用于开支接待费、发放职工福利和津贴补贴等。

案例解析

按照规定，行政事业单位购买固定资产应及时登记台账，定期或不定期盘点，保证账实相符。实际工作中，有的单位通过与供应商（尤其是有关联关系的公司）串通的方式，签署虚假合同，捏造虚假交易，以“购买”设备等资产的名义，将资金转入其他账户，设立“小金库”，供单位日常开销。

延伸阅读

《中华人民共和国政府采购法》(2014年)

第二条　在中华人民共和国境内进行的政府采购适用本法。

本法所称政府采购，是指各级国家机关、事业单位和团体组织，使用财政性资金采购依法制定的集中采购目录以内的或者采购限额标准以上的货物、工程和服务的行为。

第七条　政府采购实行集中采购和分散采购相结合。集中采购的范围由省级以上人民政府公布的集中采购目录确定。

属于中央预算的政府采购项目，其集中采购目录由国务院确定并公布；属于地方预算的政府采购项目，其集中采购目录由省、自治区、直辖市人民政府或者其授权的机构确定并公布。

纳入集中采购目录的政府采购项目，应当实行集中采购。

案例三十八　审计人员在对某事业单位及所属公司进行审计时发现，该公司20×8年收到事业单位交来的一笔现金23万元，记入“其他收入”，并用该资金购买小轿车一辆。进一步审计发现，该事业单位账上未发生此笔现金支出，该公司购置的小轿车实际上也是事业单位在使用。审计人员在向事业单位询问该现金来源时，有关人员回答此款是事业单位在公司兼职人员从事业务活动收取的，实际上是替公司收取的收入。经审计人员宣传政策，该事业单位承认，原来还有一家公司，在20×5年撤销，清算后将公司账面剩余的25.3万元全部以现金方式提出，未转入单位财务大账，而是设立“小金库”。后在20×5年至20×7年用于单位集体活动2.3万元，20×8年单位需要购置小轿车一辆，但资金比较紧张，因此将剩余23万元交给所属公司，代其购置小轿车。

案例解析

该案例存在通过虚构交易违规转移资金设立“小金库”的问题。按照规定，事业单位不能占用下属单位、企业的车辆。实际工作中，有的单位按照车辆编制不能购入新增车辆或者不能购入高档车辆，便将购车资金以虚假交易的形式转至下属单位、企业账户，由其代为购买车辆，但实际使用人为上级单位。

该案例还存在处置股权收入不规范的问题。按照规定，中央行政事业单位国有资产处置收入，应当在扣除相关税金、资产评估费、拍卖佣金等费用后，按照政府非税收入和国库集中收缴管理有关规定及时上缴中央国库。实际工作中，有的单位处置股权后，将处置收入留在单位账上，设立“小金库”。

延伸阅读

《中央行政事业单位国有资产处置管理办法》(财政部 2021 年)

第三十二条　除国家另有规定外，中央行政事业单位国有资产处置收入，应当在扣除相关税金、资产评估费、拍卖佣金等费用后，按照政府非税收入和国库集中收缴管理有关规定及时上缴中央国库。

土地使用权转让收益以及占地补偿收益，按照财政部有关规定上缴中央国库。

各部门所属高等院校自主处置已达使用年限并且应淘汰报废的国有资产取得的收益，留归高等院校，纳入单位预算，统一核算、统一管理。

国家设立的中央级研究开发机构、高等院校转化科技成果所获得的收入全部留归本单位，纳入单位预算，统一核算、统一管理，主要用于对完成和转化职务科技成果作出重要贡献人员的奖励和报酬、科学技术研发与成果转化等相关工作。

第三十三条　中央事业单位利用国有资产对外投资形成的股权（权益）的处置收入，除按照中央国有资本经营预算有关规定应申报、上交的国有资本收益和国家另有规定外，按照以下规定管理：

（一）利用货币资金对外投资形成股权（权益）的处置收入纳入单位预算，统一核算，统一管理；

（二）国家设立的中央级研究开发机构、高等院校利用科技成果作价投资形成股权（权益）的处置收入纳入单位预算，统一核算，统一管理；

（三）利用其他国有资产对外投资形成的股权（权益）的处置收入，扣除投资收益以及相关税费后，按照政府非税收入和国库集中收缴管理有关规定及时上缴中央国库；投资收益纳入单位预算，统一核算，统一管理；

（四）统筹利用货币资金、科技成果和其他国有资产混合对外投资形成的股权（权益）的处置收入，按照本条第（一）、（二）、（三）项的有关规定分别管理。

第三部分　资产管理方面

一、在建工程未及时转为固定资产问题

案例三十九　某事业单位未按照规定将竣工的×个建设项目做相应的账务处理，未将在建工程转为固定资产，涉及资金1000多万元。

案例解析

按照规定，如所属固定资产已达到预定可使用状态并用于正常使用，应及时从在建工程转至固定资产。实际工作中，因资金支付或审批程序等问题，有的单位未及时将在建工程转至固定资产。这种做法一是违反会计准则，属于未真实反映经济业务行为；二是由于固定资产未计提折旧而虚增了利润，不能真实反映资产账目、体现资产价值。

延伸阅读

《基本建设财务规则》(2017年)

第四十二条　项目竣工验收合格后应当及时办理资产交付使用手续，并依据批复的项目竣工财务决算进行账务调整。

《基本建设项目竣工财务决算管理暂行办法》(2016年)

第十九条　项目竣工后应当及时办理资金清算和资产交付手续,并依据项目竣工财务决算批复意见办理产权登记和有关资产入账或者调账。

《政府会计准则第3号——固定资产》(2017年)

第二条　本准则所称固定资产,是指政府会计主体为满足自身开展业务活动或其他活动需要而控制的,使用年限超过1年(不含1年)、单位价值在规定标准以上,并在使用过程中基本保持原有物质形态的资产,一般包括房屋及构筑物、专用设备、通用设备等。

第六条　确认固定资产时,应当考虑以下情况:

(三)购建房屋及构筑物时,不能分清购建成本中的房屋及构筑物部分与土地使用权部分的,应当全部确认为固定资产;能够分清购建成本中的房屋及构筑物部分与土地使用权部分的,应当将其中的房屋及构筑物部分确认为固定资产,将其中的土地使用权部分确认为无形资产。

二、固定资产未入账问题

案例四十　某事业单位国有资产信息填报错误,账外固定资产×辆车暂估价值500多万元。

案例解析

按照规定,固定资产应及时入账,在资产台账和财务账中真实反映,并按照相关规定计提折旧。实际工作中,有的单位存在账外资产,可能是所购入的资产金额超标、超配购入无法入账,比如超标购买车辆，车辆未入账，未按照公车管理；也可能是单位核销与外单位的往来款项、以固定资产偿还债务得来的，仅核销了债务但并未入账，比如核销债务获取小汽车，但未按照规定入账，导致账上虽无公务用车，却存在公务用车各种费用报销，这些情况都存在财务风险。

案例四十一 某事业单位购置广播电视设备×套，其中1套未计入固定资产，造成固定资产少计约5万元。

案例解析

按照规定，事业单位购入固定资产应及时入账，并当月计提折旧。实际工作中，有的事业单位存在固定资产少记、漏记的情况，可能存在将固定资产直接费用化或以公谋私等问题，造成国有资产流失。

案例四十二 某事业单位固定资产核查，发现有一处房产未登记入账，造成账实不符，相差1000多万元。

案例解析

按照规定，单位应确保资产账账、账实、账表相符。实际工作中，某些单位出现有实无账，资产未进行登记和财务处理等问题，造成固定资产长期账外滞留，逃避了正常监管，其原因主要是管理意识淡薄、管理手段落后等，出现此类问题的单位存在隐匿资产、非法牟利的嫌疑。

延伸阅读

《中央行政事业单位固定资产管理办法》(2000年)

第八条 符合下列标准的列为固定资产：

(一)使用年限在一年以上，单位价值在500元以上、专用设备单位价值在 800 元以上，并在使用过程中基本保持原来物质形态的资产；

（二）单位价值虽不足规定标准，但耐用时间在一年以上的大批同类物资，按固定资产管理。

第十条　固定资产的计价：

（一）购入、调入的固定资产，按实际支付的买价、调拨价以及运杂费、保险费、安装费、车辆购置附加费等记账。

第二十条　固定资产的日常管理是指在日常行政工作或业务活动中对所需及占用的国有资产实施不间断的管理及核算，包括从编制固定资产预算、计划采购、验收入库、登记入账、领用发出到维修保养、处置等各个环节的实物管理和财务核算。

《政府会计准则第 3 号——固定资产》(2017 年)

第八条　固定资产在取得时应当按照成本进行初始计量。

三、超标准购置资产问题

案例四十三　某事业单位购置两辆公务用车，购置价格均为 25.28 万元，车辆配置超标准，单位以办理公务用车加油充值卡为名目，将部分购置费用转为公务用车燃油费、维修费等，用以冲减公务用车购置费用。

案例解析

按照规定，公务用车购置应严格按照购车标准购置。实际工作中，有些单位公务用车超标准购置，为了看起来符合预算，便将部分费用以公务用车燃油费等名目入账，此种行为可能会造成燃油费等超预算、无预算开支。

延伸阅读

《中央国家机关公务用车编制和配备标准的规定》(2004年)

第二条　按照勤俭节约、反对浪费和保障公务活动需要的原则，核定公务用车编制，规范配备标准，严格控制公务用车数量，加强公务用车管理。

第四条　公务用车的配备标准：

(三)一般公务用车配备排气量2.0升(含2.0升)以下、价格25万元以内的轿车(客车、越野车等除外)。确需配备排气量2.0升以上、价格25万元以上车辆的，报国管局审批。

《党政机关公务用车管理办法》(2017年)

第十条　财政部门根据年度公务用车配备更新计划，按照预算管理有关规定统筹安排购置经费，列入公务用车主管部门预算。

《中央国家机关所属事业单位公务用车管理办法(试行)》(2023年)

第九条　事业单位公务用车配备应当严格执行以下标准：

(一)用于机要通信的工作用车配备价格12万元以内(不含车辆购置税，下同)、排气量1.6升(含)以下的轿车或者其他小型客车。

(二)业务用车和用于应急等公务的工作用车以及其他按规定配备的车辆，配备价格18万元以内、排气量1.8升(含)以下的轿车或者其他小型客车。

确因情况特殊，可以适当配备价格25万元以内、排气量3.0升(含)以下的其他小型客车、中型客车，或者价格45万元以内的大型客车。

(三)特种专业技术用车配备标准由行政主管部门会同财政部按照保障工作需要、厉行节约的原则确定，报国管局备案。

公务用车配备新能源轿车的，价格不得超过18万元。

上述所称小型客车、中型客车、大型客车等，依据中华人民共和国公共安全行业标准GA802—2019《道路交通管理 机动车类型》界定。

案例四十四　某事业单位分3次购买空气净化器，每次购买8台，每台998元，未计入固定资产。

案例解析

按照规定，单位价值虽未达到规定标准，但是耐用时间在一年以上的大批同类物资，应作为固定资产管理。实际工作中，有些单位可能是因为新增资产预算配置不科学、不精准等原因，故意规避固定资产管理程序，人为拆分成批物资，降低单批购置价格，将其直接计入支出，出现资产管理不规范、费用支出不合理等问题。

延伸阅读

《事业单位财务规则》(2022年)

第四十一条　固定资产是指使用期限超过一年，单位价值在1000元以上，并在使用过程中基本保持原有物质形态的资产。单位价值虽未达到规定标准，但是耐用时间在一年以上的大批同类物资，作为固定资产管理。

四、资产使用管理不规范问题

案例四十五　某事业单位未执行资产实物定期盘点，造成账实不符。

案例解析

按照规定，单位资产应每年至少盘点一次，便于全面掌握并真实反映固定资产的数量、价值和使用状况，确保账账相符、账实相符。实际工作中，有的单位存在多年固定资产未详实盘点或是盘点清查不清等问题，很多资产因人员更替或年代久远管理不善，已经查无实物，造成大额资产账实不符。

延伸阅读

《财政部关于加强行政事业单位固定资产管理的通知》(2020 年)

（六）清查盘点。定期对固定资产进行清查盘点，每年至少盘点一次，全面掌握并真实反映固定资产的数量、价值和使用状况，确保账账相符、账实相符。盘盈固定资产，应当按照政府会计准则制度等规定合理确定资产价值，按权限报批后登记入账。出现固定资产盘亏，应当查明原因、及时规范处理。

案例四十六　某事业单位在每年做资产盘点时，未核实到实际使用人，造成人员早已退休或离职多年，但其名下仍有 3 台电脑及打印机等多项资产，未作转交或变更。

案例解析

按照规定，单位在每年进行资产盘点时，应及时更新到实际使用和保管人，落实保管责任。实际工作中，有些单位固定资产管理工作不清晰，只保证大体总数相符，但固定资产实际使用和保管人与固定资产系统不一致，此种行为可能会造成固定资产产权不清晰、保管不得当等问题。

案例四十七　某事业单位存在购置的电脑、打印机等未拆封一直存于库房中,多年未使用现象,造成国有资产的严重浪费。

案例解析

按照规定,单位需采购的电脑、打印机等固定资产,应按需采购,合理分配。实际工作中,有些单位因执行预算等原因,采购了工作中暂时用不到的电脑等信息类产品,很多单位不仅限于固定资产,还有硒鼓、墨粉等耗材。此种行为会造成资产浪费。

案例四十八　某事业单位存在已达到报废年限且无法使用的多台笔记本电脑存于库房,未办理报废手续的问题。

案例解析

按照规定,应定期盘点资产,参照资产使用年限和实际使用情况,填写资产报废申请单,履行相关审批手续,经批准后公开处置资产,有些单位对于无使用价值的资产在管理上不重视,可能造成有更新换代需求时,因有闲置资产而无法申报购置预算的情形发生。

延伸阅读

《事业单位财务规则》(2022年)

第三十八条　事业单位应当建立健全单位资产管理制度,明确资产使用人和管理人的岗位责任,按照国家规定设置国有资产台账,加强和规范资产配置、使用和处置管理,维护资产安全完整,提高资产使用效率。涉及资产评估的,按照国家有关规定执行。

第三十九条　事业单位应当根据依法履行职能和事业发展的需要,结合资产存量、资产配置标准、绩效目标和财政承受能力配置资产。优先通过调剂方式配置资产。不能调剂的,可以采用购置、建设、租用等方式。

《行政事业性国有资产管理条例》(2021年)

第十五条　各部门及其所属单位应当明确资产使用人和管理人的岗位责任。

资产使用人、管理人应当履行岗位责任,按照规程合理使用、管理资产,充分发挥资产效能。资产需要维修、保养、调剂、更新、报废的,资产使用人、管理人应当及时提出。

资产使用人、管理人发生变化的,应当及时办理资产交接手续。

《行政事业单位内部控制规范(试行)》(2012年)

第四十条　单位应当对资产实行分类管理,建立健全资产内部管理制度。单位应当合理设置岗位,明确相关岗位的职责权限,确保资产安全和有效使用。

第四十四条　单位应当加强对实物资产和无形资产的管理,明确相关部门和岗位的职责权限,强化对配置、使用和处置等关键环节的管控。

(一)对资产实施归口管理。明确资产使用和保管责任人,落实资产使用人在资产管理中的责任。贵重资产、危险资产、有保密等特殊要求的资产,应当指定专人保管、专人使用,并规定严格的接触限制条件和审批程序。

(三)建立资产台账,加强资产的实物管理。单位应当定期清查盘点资产,确保账实相符。财会、资产管理、资产使用等部门或岗位应当定期对账,发现不符的,应当及时查明原因,并按照相关规定处理。

(四)建立资产信息管理系统,做好资产的统计、报告、分析工作,实现对资产的动态管理。

案例四十九　某事业单位未及时调整存货账目358.90万元,存货保管混乱,账务只记支出未作其他处理。

案例解析

按照规定，存货管理应入库及时，出入库手续齐全，对于库存商品的种类、数量应清晰明确，按期进行盘点，避免出现账实不符、存货流失等营私舞弊的现象。实际工作中，存货也属于国有资产，国有资产管理混乱，不乏有人会浑水摸鱼，趁机占公家便宜。

延伸阅读

《政府会计准则第1号——存货》(2017年)

第十四条　政府会计主体应当根据实际情况采用先进先出法、加权平均法或者个别计价法确定发出存货的实际成本。计价方法一经确定，不得随意变更。

第十五条　对于已发出的存货，应当将其成本结转为当期费用或者计入相关资产成本。

第十七条　对于发生的存货毁损，应当将存货账面余额转销计入当期费用，并将毁损存货处置收入扣除相关处置税费后的差额按规定作应缴款项处理(差额为净收益时)或计入当期费用(差额为净损失时)。

第十九条　政府会计主体应当在附注中披露与存货有关的下列信息：

(一)各类存货的期初和期末账面余额。

(二)确定发出存货成本所采用的方法。

(三)以名义金额计量的存货名称、数量，以及以名义金额计量的理由。

(四)其他有关存货变动的重要信息。

案例五十　某事业单位10年以上往来款挂账金额高达30余万元，多年来未清理，甚至还存在列支费用现象。

案例解析

按照规定，现行的《行政单位财务规则》和《事业单位财务规则》都明确要求，行政事业单位每年都要对债权债务进行核对，加强往来款项的管理，对长期挂账的往来款，应查明原因和性质，按规定程序清理。实际工作中，某些单位将长期未偿还债务，甚至应上缴财政专户管理的收入也计入往来款项，某些支出挂在债务中开支，隐藏了单位的部分支出数，造成单位支出不实、会计信息失真。债权债务数额越滚越大，隐形支出或赤字存在较大可能，将造成国有资产流失，甚至于债权债务是否账实相符，谁也说不清。如果是用于个人使用，数额较大且超过3个月未还，就会涉嫌挪用公款。

延伸阅读

《政府会计准则——基本准则》(2017年)

第十一条　政府会计主体应当以实际发生的经济业务或者事项为依据进行会计核算，如实反映各项会计要素的情况和结果，保证会计信息真实可靠。

《行政事业单位内部控制规范(试行)》(2012年)

第三十一条　根据国家规定可以举借债务的单位应当建立健全债务内部管理制度，明确债务管理岗位的职责权限，不得由一人办理债务业务的全过程。单位应当做好债务的会计核算和档案保管工作。加强债务的对账和检查控制，定期与债权人核对债务余额，进行债务清理，防范和控制财务风险。

《事业单位财务规则》(2022年)

第十八条　事业单位应当将各项收入全部纳入单位预算，统一核算，统一管理，未纳入预算的收入不得安排支出。

《行政单位财务规则》（2023 年）

第四十九条　行政单位应当加强对暂存款项的管理，不得将应当纳入单位收入管理的款项列入暂存款项；对各种暂存款项应当及时清理、结算，不得长期挂账。

五、资产处置不合规问题

案例五十一　某事业单位将大额资产拆分为数批金额较小的资产，未进行审批，或小额内部审批，分批在限额规定之下报废或无偿划拨。

案例解析

按照规定，大额资产报废或划拨应按相关规定走流程和手续，不应抱有简单随意处置、重采买轻处置的思想，更不能化整为零、人为拆分。实际工作中，有的单位存在多年固定资产未详实盘点或盘点清查不清等问题，很多资产因人员更替或年代久远管理不善，已经查无实物，造成大额资产账实不符。为了看起来账实相符、规避审批，便人为拆分为小额资产，分拨分批报废；或是单纯为简化审批程序，分批次划转。

延伸阅读

《财政部关于加强行政事业单位固定资产管理的通知》（2020 年）

（四）核算入账。各单位要严格落实政府会计准则制度等要求，按规定设置固定资产账簿，对固定资产增减变动及时进行会计处理，并定期与固定资产卡片进行核对，确保账卡相符。对已投入使用但尚未办理竣工决算的在建工程，应当按规定及时转入固定资产。

（五）登记管理。加强固定资产卡片管理，做到有物必登、登记到人、一物一卡、不重不漏。对于权证手续不全、但长期占有使用并实际控制的固定资产，应当建立并登记固定资产卡片；对于租入固定资产，应当单独登记备查，并做好维护和管理。固定资产卡片应当符合规定格式，载明固定资产基本信息、财务信息以及使用信息，并随资产全生命周期管理动态更新，在行政事业单位国有资产年度报告中如实反映。

（十一）规范处置。明确固定资产内部处置程序，严格按规定权限履行报批程序，及时处置固定资产。对长期积压的待处置资产，按“三重一大”事项履行集体决策程序，在规定权限内予以处置，切实解决“销账难”的问题。固定资产处置要做到公开、公正、公平。出售、出让、转让固定资产应依法依规进行资产评估，数量较多或者价值较高的，通过进场交易、拍卖等公开方式处置。确实不具备使用价值的处置资产，鼓励通过网络拍卖等方式公开处置。处置收入扣除相关税金、评估费、拍卖佣金等费用后，按照政府非税收入收缴管理有关规定及时缴入国库，实行“收支两条线”管理。

（十二）损失追责。各部门、各单位应当建立健全固定资产损失追责机制，落实损失赔偿责任。对因使用、保管不善等造成的固定资产丢失、损毁等情形，按照规定进行责任认定，由责任人承担相应责任。

《事业单位财务规则》(2022 年)

第四十六条　事业单位资产处置应当遵循公开、公平、公正和竞争、择优的原则，严格履行相关审批程序。

案例五十二　某事业单位部分固定资产在火灾后毁损，处置收入和保险赔付均未上缴财政部门。

案例解析

按照规定，资产毁损后的处置收入及保险赔付等收入应及时缴入国库，实行“收支两条线”管理。实际工作中，有的单位财务管理不规范，想用保险赔付收入抵偿受灾损失，造成截留收入，这属于违规操作。

案例五十三　某事业单位处置房产收入约1000万元，未实行“收支两条线”管理，一直在账上未处理，审计检查出来后，才按照相关规定上缴中央财政。

案例解析

按照规定，事业单位处置房产应在报经财政部门审批和扣除费用后，及时上缴中央财政。实际工作中，有些单位处置房产后金额较大，留置在本单位不上缴、不处理，可能会有想挪用、占用、非法投资等嫌疑。

延伸阅读

《中央行政事业单位国有资产处置管理办法》（财政部2021年）

第十六条　无偿划转是指在不改变国有资产性质的前提下，以无偿转让的方式变更国有资产占有、使用权的行为。无偿划转国有资产应当按照以下程序办理：

（一）中央行政事业单位之间无偿划转国有资产，以及中央行政事业单位对国有全资企业无偿划转国有资产，由划出方按照本办法第二章规定的相应权限履行审批手续；

（二）跨级次无偿划转国有资产，由中央无偿划转给地方的，应当附接收方主管部门和同级财政部门同意接收的相关文件，由中央行政事业单位按本办法第二章规定的相应权限履行审批手续；由地方无偿划转给中央的，由划出方按照同级财政部门规定的处置权限履行审批手续。

第十七条　中央行政事业单位申请无偿划转国有资产，应当由划出方提交以下材料：

（一）申请文件及单位内部决策文件，国有资产价值凭证及产权证明（如购货发票或者收据、记账凭证、资产信息卡、竣工决算报告、国有土地使用权证、房屋所有权证、不动产权证、专利证、著作权证、担保（抵押）凭证、债权或者股权凭证、投资协议等凭据的复印件，下同），以及《中央行政事业单位国有资产无偿划转和对外捐赠申请表》（见附件1）；

（二）划出方和划入方签署的意向性协议；

（三）因单位撤销、合并、分立、改制而移交国有资产的，需提供撤销、合并、分立、改制的批文；

（四）其他相关材料。

第三十一条　处置收入是指在转让、置换、报废等处置国有资产过程中获得的收入，包括转让资产收入、置换差价收入、拆迁补偿收入、报废报损残值变价收入、保险理赔收入、转让土地使用权收益、所办一级企业的清算收入等。

第三十二条　除国家另有规定外，中央行政事业单位国有资产处置收入，应当在扣除相关税金、资产评估费、拍卖佣金等费用后，按照政府非税收入和国库集中收缴管理有关规定及时上缴中央国库。

土地使用权转让收益以及占地补偿收益，按照财政部有关规定上缴中央国库。

各部门所属高等院校自主处置已达使用年限并且应淘汰报废的国有资产取得的收益，留归高等院校，纳入单位预算，统一核算、统一管理。

国家设立的中央级研究开发机构、高等院校转化科技成果所获得的收入全部留归本单位，纳入单位预算，统一核算、统一管理，主要用于对完成和转化职务科技成果作出重要贡献人员的奖励和报酬、科学技术研发与成果转化等相关工作。

《行政事业性国有资产管理条例》(2021年)

第二十条 各部门及其所属单位应当将依法罚没的资产按照国家规定公开拍卖或者按照国家有关规定处理，所得款项全部上缴国库。

六、违规使用国有资产问题

案例五十四 20××年，某事业单位因培训中心长期闲置，为盘活资产，经单位领导集体研究决定，将其出租给外部培训机构，获取租金收入；某事业单位将处于半闲置状态的一台专用设备对外单位开放，提高资产使用率，并收取资产使用费30万元。

案例解析

以上案例属于违规使用国有资产的情况。按照规定，事业单位将国有资产出租、出借的，应该经主管部门审核同意后，报财政部门审批，单位不得擅自决定。实际工作中，有的单位长期闲置国有资产，或擅自利用国有资产出租、出借、对外担保等，都属于违规使用国有资产的行为，单位应加强对国有资产的管理。

延伸阅读

《事业单位国有资产管理暂行办法》(2019年)

第七条 事业单位的主管部门(以下简称主管部门)负责对本部

门所属事业单位的国有资产实施监督管理。其主要职责是：

（四）负责本部门所属事业单位长期闲置、低效运转和超标准配置资产的调剂工作，优化事业单位国有资产配置，推动事业单位国有资产共享、共用。

第二十一条　事业单位利用国有资产对外投资、出租、出借和担保等应当进行必要的可行性论证，并提出申请，经主管部门审核同意后，报同级财政部门审批。法律、行政法规和本办法第五十六条另有规定的，依照其规定。

事业单位应当对本单位用于对外投资、出租和出借的资产实行专项管理，并在单位财务会计报告中对相关信息进行充分披露。

《关于盘活行政事业单位国有资产的指导意见》(2022年)

（十一）规范资产盘活管理。各部门及其所属单位要强化责任意识，加强资产全生命周期管理，在规范审批程序的基础上，加快办理资产出租、处置事项，相关收入按照本级财政部门的规定，上缴国库或纳入单位预算管理，防止国有资产流失。严禁借盘活资产名义，对无需处置的行政事业单位国有资产进行处置或者虚假交易，以变相虚增财政收入。各级财政部门要加强监督检查，确保资产盘活合法合规、收入管理规范有序。

（十三）建立激励约束长效机制。建立资产存量与新增资产配置预算挂钩机制，充分结合存量资产使用状况审核新增资产，优化资产配置，从源头节约财政资金。对闲置浪费严重的部门、单位，财政部门可视情况停止批复新增资产配置预算。各部门及其所属单位要全面总结经验，汇总本部门资产盘活工作情况，并纳入行政事业性国有资产年报予以反映，持续推进资产盘活工作。

七、违规管理国有资产收入问题

案例五十五　20××年，某事业单位账面的其他收入中，有一笔5000元收入实际为国有资产处置收入，该单位在年末时，将其用于弥补公用经费的不足；某事业单位为了能够有效提升单位的经济效益，经批准后，结合本单位主业对外投资一项目，未将对外投资收益纳入预算管理。

案例解析

以上案例属于违规管理国有资产收入的情况。按照规定，行政事业单位的国有资产处置收入应当按政府非税收入管理的规定，实行"收支两条线"管理。事业单位对外投资收益应当实行统一核算、统一管理，不能让这些收入游离于预算管理之外。

延伸阅读

《中央行政事业单位国有资产处置管理办法》（国管局 2009 年）

第三十二条　中央行政事业单位国有资产处置收入包括变卖收入、置换收入和报损报废的残值变价收入等。资产处置收入应当按政府非税收入管理的规定，实行"收支两条线"管理。

第三十三条　各部门应当按照财务管理制度，如实反映和缴纳国有资产处置收入，不得隐瞒、截留、挤占、坐支和挪用。

《中央行政事业单位国有资产处置管理办法》（财政部 2021 年）

第三十三条　中央事业单位利用国有资产对外投资形成的股权

(权益)的处置收入,除按照中央国有资本经营预算有关规定应申报、上交的国有资本收益和国家另有规定外,按照以下规定管理:

(一)利用货币资金对外投资形成股权(权益)的处置收入纳入单位预算,统一核算,统一管理;

(三)利用其他国有资产对外投资形成的股权(权益)的处置收入,扣除投资收益以及相关税费后,按照政府非税收入和国库集中收缴管理有关规定及时上缴中央国库;投资收益纳入单位预算,统一核算,统一管理。

《事业单位国有资产管理暂行办法》(2019 年)

第二十三条　除本办法第五十六条及国家另有规定外,事业单位对外投资收益以及利用国有资产出租、出借和担保等取得的收入应当纳入单位预算,统一核算,统一管理。

第四部分　政府采购方面

一、未按规定委托集中采购机构采购问题

案例五十六　20××年10月，某中央预算事业单位委托社会代理机构采购云计算服务（包括云主机、对象存储等）项目，采购预算金额为220万元。

案例解析

按照规定，属于《中央预算单位政府集中采购目录及标准（2020年版）》（以下简称《目录》）范围内的项目必须按规定委托集中采购机构代理采购，单项或批量采购金额在100万元以上的云计算服务属于《目录》范围内，采购人应当委托集中采购机构代理采购，不得自行委托社会代理机构采购。财政部曾发布相关情况处罚案例，对采购人未委托集中采购机构实行集中采购的情形进行了相应处罚，采购人应加强政府采购相关法规学习，避免因理解上的偏差而违反相关法规。

延伸阅读

《中华人民共和国政府采购法》（2014年）

第七条　政府采购实行集中采购和分散采购相结合。集中采购

的范围由省级以上人民政府公布的集中采购目录确定。

……纳入集中采购目录的政府采购项目,应当实行集中采购。

第十八条　采购人采购纳入集中采购目录的政府采购项目,必须委托集中采购机构代理采购;采购未纳入集中采购目录的政府采购项目,可以自行采购,也可以委托集中采购机构在委托的范围内代理采购。

纳入集中采购目录属于通用的政府采购项目的,应当委托集中采购机构代理采购;属于本部门、本系统有特殊要求的项目,应当实行部门集中采购;属于本单位有特殊要求的项目,经省级以上人民政府批准,可以自行采购。

第七十四条　采购人对应当实行集中采购的政府采购项目,不委托集中采购机构实行集中采购的,由政府采购监督管理部门责令改正;拒不改正的,停止按预算向其支付资金,由其上级行政主管部门或者有关机关依法给予其直接负责的主管人员和其他直接责任人员处分。

《中华人民共和国政府采购法实施条例》(2015年)

第三条　集中采购目录包括集中采购机构采购项目和部门集中采购项目。

技术、服务等标准统一,采购人普遍使用的项目,列为集中采购机构采购项目;采购人本部门、本系统基于业务需要有特殊要求,可以统一采购的项目,列为部门集中采购项目。

《政府采购需求管理办法》(2021年)

第十六条　采购人采购纳入政府集中采购目录的项目,必须委托集中采购机构采购。政府集中采购目录以外的项目可以自行采购,也可以自主选择委托集中采购机构,或者集中采购机构以外的采购代理机构采购。

《中央预算单位政府集中采购目录及标准(2020年版)》

一、集中采购机构采购项目

以下项目必须按规定委托集中采购机构代理采购：

目录项目	适用范围	备注
一、货物类		
台式计算机		不包括图形工作站
三、服务类		
云计算服务		指单项或批量金额在100万元以上的基础设施服务(Infrastructure as a Service,IaaS),包括云主机、块存储、对象存储等,系统集成项目除外

注:① 表中"适用范围"栏中未注明的,均适用所有中央预算单位。

② 表中所列项目不包括部门集中采购项目和中央高校、科研院所采购的科研仪器设备。

《中央国家机关政府集中采购目录实施方案(2020年版)》

二、执行方式

(三)服务类

4. 云计算服务。预算金额在100万元(含)以上的,作为单独项目委托国采中心按照法律法规规定的方式执行,其中,预算金额在200万元(含)以上的,采用公开招标方式。

二、未按规定公开采购意向问题

案例五十七　20××年,某京内事业单位计划采购一批预算为380万元的专业设备,11月,为加快预算执行进度,该单位未公开采购意向直接开展采购活动。

案例解析

推进采购意向公开是优化政府采购营商环境的重要举措。按照规定，自 2020 年 7 月 1 日起，中央预算单位和北京市、上海市、深圳市市本级预算单位应当按规定公开采购意向，方便供应商提前了解政府采购信息，采购意向公示期满后才可以开展采购活动。因预算单位不可预见的原因急需开展的采购项目，可不公开采购意向，但案例中的单位有足够的时间提前安排采购活动，仅是为了加快预算执行进度便不公开采购意向，这不符合相关规定要求。各预算单位应该加强采购活动的计划性，尽量提前公开采购意向，原则上不得晚于采购活动开始前 30 日公开采购意向。

延伸阅读

《财政部关于开展政府采购意向公开工作的通知》(2020 年)

二、关于采购意向公开工作推进步骤

……对 2020 年 7 月 1 日起实施的采购项目，中央预算单位和北京市、上海市、深圳市市本级预算单位应当按规定公开采购意向。

四、关于采购意向公开的内容

采购意向按采购项目公开。除以协议供货、定点采购方式实施的小额零星采购和由集中采购机构统一组织的批量集中采购外，按项目实施的集中采购目录以内或者采购限额标准以上的货物、工程、服务采购均应当公开采购意向。

五、关于采购意向公开的依据和时间

……采购意向公开时间应当尽量提前，原则上不得晚于采购活动开始前 30 日公开采购意向。

三、以化整为零方式规避公开招标问题

案例五十八　某事业单位年初部门预算编列采购某专用设备4台，预算金额为120万元，尚未实施采购。由于工作需要，需追加采购该专用设备4台，预算金额为120万元。在实施采购过程中，该单位按照竞争性谈判方式分两次实施采购，成交供应商均为某公司。

案例解析

按照规定，在一个财政年度内，一个预算项目下的同一品目或类别的货物、服务累计超过公开招标数额标准的，应当采用公开招标方式实施采购活动，以保证采购项目的公开、公正。如符合上述要求但采用公开招标以外的方式多次采购，属于以化整为零方式规避公开招标。该案例中，后期追加设备虽可视为预算调整，但因首批4台设备尚未实施采购，采购单位最终应按照两批设备的合计预算金额240万元为依据，采用公开招标方式一次性开展采购活动。化整为零的采购行为不仅不符合法律要求，而且加重了采购成本，与政府采购提高财政性资金使用效益的目的背道而驰，同时容易滋生政府采购中的腐败行为。

延伸阅读

《中华人民共和国政府采购法》(2014年)

第二十八条　采购人不得将应当以公开招标方式采购的货物或者服务化整为零或者以其他任何方式规避公开招标采购。

《中华人民共和国政府采购法实施条例》(2015年)

第二十八条　在一个财政年度内，采购人将一个预算项目下的同一品目或者类别的货物、服务采用公开招标以外的方式多次采购，累计资金数额超过公开招标数额标准的，属于以化整为零方式规避公开招标，但项目预算调整或者经批准采用公开招标以外方式采购除外。

第六十七条　采购人有下列情形之一的，由财政部门责令限期改正，给予警告，对直接负责的主管人员和其他直接责任人员依法给予处分，并予以通报：

（二）将应当进行公开招标的项目化整为零或者以其他任何方式规避公开招标……

四、虚假公开招投标问题

案例五十九　某事业单位分别于20××年5月和8月两次向某咨询管理公司支出240万元和210万元，支出内容分别为“技术项目评审服务费”和“技术项目咨询费”。经审计人员核查，采购项目档案完善，但项目履约材料中除合同以外没有更具体的内容和支撑性文件等，且某公司已连续三年中标该事业单位的采购项目。查阅该项目历年公开招标文件发现，评分标准中的资质要求均设置为投标人需同时具备某4项资质得10分，缺1项整体得0分，该项得分只有某公司为满分，其他业绩、奖项等评分条款也通过特定行业、特定部门等倾向于某公司。进一步核查发现，某公司的股东之一为该事业单位领导层亲属。

案例解析

政府采购活动应遵循公开、公正、公平原则。按照规定，采购人或采购代理机构不得以不合理的条件对供应商实行差别待遇或歧视待遇，招标文件中的资格条件、评审标准及采购需求应避免有倾向性、歧视性和排他性条款。该案例中，虽然有完整的公开招标活动记录，但通过设置倾向性条款对供应商实行歧视待遇，使政府采购程序流于形式，存在极大可能组织了虚假公开招投标活动，扰乱政府采购制度的政策秩序，使财政资金蒙受损失。如确实存在采购人与供应商之间恶意串通的行为，应依法对其追究法律责任。

案例六十 某事业单位通过公开招标方式采购一批专业设备，经审计人员检查其合同履约情况发现，采购订单日期为20××年6月20日，而中标公告日期为6月28日，合同签订日期为6月29日，采购订单日期早于中标公告日期。进一步审查了解到，该单位此类设备一直从中标公司采购，且该公司信誉良好、产品质量可靠，采购单位因着急使用设备，又未提前安排好政府采购活动，故直接下了采购订单，使公开招标流于形式。

案例解析

公开招标是政府采购的主要方式，能够体现规范程序、公平竞争、公正选择以及优胜劣汰的本质要求，最大程度地促进市场充分竞争，减少腐败行为。该案例中，采购单位人员法治意识淡薄，违背了政府采购制度，在招投标过程中存在与供应商串通行为，破坏了公平、公正的市场竞争秩序。行政事业单位人员应加强法治观念，在政府采购活动中严格遵守相关法律法规，履行好采购人的主体责任。同时，单位应进一步加强内部控制制度，制定严格的审批流程，杜绝此类现象发生。

延伸阅读

《中华人民共和国政府采购法》(2014年)

第二十二条 ……采购人可以根据采购项目的特殊要求，规定供应商的特定条件，但不得以不合理的条件对供应商实行差别待遇或者歧视待遇。

第七十一条 采购人、采购代理机构有下列情形之一的，责令限期改正，给予警告，可以并处罚款，对直接负责的主管人员和其他直接责任人员，由其行政主管部门或者有关机关给予处分，并予通报：

（三）以不合理的条件对供应商实行差别待遇或者歧视待遇的。

《中华人民共和国政府采购法实施条例》(2015年)

第二十条 采购人或者采购代理机构有下列情形之一的，属于以不合理的条件对供应商实行差别待遇或者歧视待遇：

（三）采购需求中的技术、服务等要求指向特定供应商、特定产品；

（四）以特定行政区域或者特定行业的业绩、奖项作为加分条件或者中标、成交条件；

（五）对供应商采取不同的资格审查或者评审标准；

（六）限定或者指定特定的专利、商标、品牌或者供应商。

第七十四条 有下列情形之一的，属于恶意串通，对供应商依照政府采购法第七十七条第一款的规定追究法律责任，对采购人、采购代理机构及其工作人员依照政府采购法第七十二条的规定追究法律责任：

（五）供应商之间事先约定由某一特定供应商中标、成交；

（六）供应商之间商定部分供应商放弃参加政府采购活动或者放

弃中标、成交；

（七）供应商与采购人或者采购代理机构之间、供应商相互之间，为谋求特定供应商中标、成交或者排斥其他供应商的其他串通行为。

五、评审因素与需求不匹配问题

案例六十一　某事业单位采用公开招标的方式采购预算为280万元的设备类项目，招标文件的评分细则中要求："投标人具备CMMI3级及以上软件能力成熟度认证证书得5分，否则不得分。"该要求与采购需求和合同履行均无关。

案例解析

按照规定，招标文件的资格条件和评分标准应与项目具体特点和实际需求相适应，或与合同履行相关，案例中采购的是设备类项目，文件要求投标人提供软件开发的能力证明属于以不合理的条件对供应商实行差别待遇或者歧视待遇，可能会被供应商质疑是为某家公司专门设置的指向性条款，有串标嫌疑。采购人应明确自身的主体责任，加强学习政府采购法律法规，重视招标文件的编制，避免因理解上的偏差设置倾向性、歧视性条款。

延伸阅读

《中华人民共和国政府采购法》（2014年）

第二十二条　……采购人可以根据采购项目的特殊要求，规定供应商的特定条件，但不得以不合理的条件对供应商实行差别待遇或者歧视待遇。

第七十一条　采购人、采购代理机构有下列情形之一的，责令限期改正，给予警告，可以并处罚款，对直接负责的主管人员和其他直接责任人员，由其行政主管部门或者有关机关给予处分，并予通报：

（三）以不合理的条件对供应商实行差别待遇或者歧视待遇的。

《中华人民共和国政府采购法实施条例》(2015 年)

第二十条　采购人或者采购代理机构有下列情形之一的，属于以不合理的条件对供应商实行差别待遇或者歧视待遇：

（二）设定的资格、技术、商务条件与采购项目的具体特点和实际需要不相适应或者与合同履行无关。

六、将规模条件作为评审因素问题

案例六十二　20××年 9 月，某事业单位公开招标某软件开发项目，招标文件商务评分条款中要求："投标人上一年度营业利润大于 500 万元，得 5 分；大于或等于 300 万元且小于等于 500 万元，得 3 分；小于 300 万元不得分。"

案例分析

按照规定，采购人不得将投标人的营业收入、利润等规模条件作为评审因素，对投标人实行差别待遇或歧视待遇，更不能限制中小企业参与招标采购活动。政府采购应当遵循公平竞争的原则，尤其是伴随多项鼓励支持中小企业发展、优化营商环境的政策出台，政府不断加大力度持续鼓励营造有利于中小企业发展的良好环境，采购人更应加强政策学习，依法保障各类市场主体平等参与政府采购活动的权利，创造自由竞争的机会支持中小企业发展。

延伸阅读

《政府采购货物和服务招标投标管理办法》(2017 年)

第十七条　采购人、采购代理机构不得将投标人的注册资本、资产总额、营业收入、从业人员、利润、纳税额等规模条件作为资格要求或者评审因素,也不得通过将除进口货物以外的生产厂家授权、承诺、证明、背书等作为资格要求,对投标人实行差别待遇或者歧视待遇。

《政府采购促进中小企业发展管理办法》(2020 年)

第五条　采购人在政府采购活动中应当合理确定采购项目的采购需求,不得以企业注册资本、资产总额、营业收入、从业人员、利润、纳税额等规模条件和财务指标作为供应商的资格要求或者评审因素,不得在企业股权结构、经营年限等方面对中小企业实行差别待遇或者歧视待遇。

七、评审因素未细化和量化问题

案例六十三　某事业单位通过公开招标方式采购一批专业设备,在招标文件的评分标准设定:“投标人生产能力强、产品技术性能好,得 10 分;投标人生产能力较强、产品技术性能较好,得 8 分;投标人生产能力一般、产品技术性能一般,得 5 分;投标人生产能力和产品技术性较差,得 1 分。”

案例解析

按照规定,评审因素应当尽可能细化和量化,且分值设置应与评审因素的量化指标相对应。该案例中的项目属于货物类采购，应有大量客观可量化的技术指标可设置为评分标准，而案例中的评分因素设置过于笼统，给予评审专家过大的自由裁量权，可能会导致评审不公的问题。近几年，财政部门发布了多个因评审因素未细化和量化的处罚案例，采购单位应予以重视，加强相关法规学习。

延伸阅读

《政府采购货物和服务招标投标管理办法》(2017 年)

第五十五条　……评审因素应当细化和量化，且与相应的商务条件和采购需求对应。商务条件和采购需求指标有区间规定的，评审因素应当量化到相应区间，并设置各区间对应的不同分值。

《中华人民共和国政府采购法实施条例》(2015 年)

第六十八条　采购人、采购代理机构有下列情形之一的，依照政府采购法第七十一条、第七十八条的规定追究法律责任：

(七)采用综合评分法时评审标准中的分值设置未与评审因素的量化指标相对应。

八、合同金额与中标金额不一致问题

案例六十四　某事业单位通过公开招标采购一批专用设备，最终某公司以 580 万元中标。后经双方协商，中标人同意为采购人再提供总计 110 万元的配套设备，双方直接签订了金额为 690 万元的合同。

案例解析

按照规定，采购人与中标供应商签订合同时，必须根据招标文件和中标供应商的投标文件进行约定，不得对招标文件和中标供应商投标文件的实质性内容做变动，因此合同金额必须按照中标供应商的投标报价确定。如在合同执行过程中要追加采购相同的货物或服务的，在不改变合同其他条款的情况下，可以与原中标供应商签订补充合同，但金额不得超过原合同金额的10%，在这种情况下，不需要另行履行有关采购程序。该案例中，签订的合同金额高于中标金额110万元，超过原中标金额的10%，且超过了政府采购限额标准，应按照相关规定单独执行政府采购程序。政府采购应当厉行资金节约原则，充分发挥资金效益，拒绝浪费财政资金，避免项目冗余，坚决抵制恶意套取项目资金作为利益交换的行为。

延伸阅读

《中华人民共和国政府采购法》(2014年)

第四十六条　采购人与中标、成交供应商应当在中标、成交通知书发出之日起三十日内，按照采购文件确定的事项签订政府采购合同。

中标、成交通知书对采购人和中标、成交供应商均具有法律效力。中标、成交通知书发出后，采购人改变中标、成交结果的，或者中标、成交供应商放弃中标、成交项目的，应当依法承担法律责任。

第四十九条　政府采购合同履行中，采购人需追加与合同标的相同的货物、工程或者服务的，在不改变合同其他条款的前提下，可以与供应商协商签订补充合同，但所有补充合同的采购金额不得超过原合同采购金额的百分之十。

《中华人民共和国政府采购法实施条例》(2015年)

第六十七条　采购人有下列情形之一的,由财政部门责令限期改正,给予警告,对直接负责的主管人员和其他直接责任人员依法给予处分,并予以通报:

(五)政府采购合同履行中追加与合同标的相同的货物、工程或者服务的采购金额超过原合同采购金额10%。

九、未在规定时间内公告政府采购合同问题

案例六十五　20××年1月10日,某事业单位通过公开招标的方式采购一批计量检定仪器,最终A公司中标。采购人于1月15日与A公司签订了政府采购合同,1月28日在中国政府采购网上进行了合同公示。

案例解析

按照规定,采购人应当自政府采购合同签订之日起2个工作日内,将合同在符合要求的媒体上公告,案例中的合同公示时间不符合相关规定。采购合同的公开,是进一步提高政府采购信息透明度的重要手段,有利于加强公众对政府采购结果的监督,采购人应当予以重视,及时公告政府采购合同。

延伸阅读

《中华人民共和国政府采购法实施条例》(2015年)

第五十条　采购人应当自政府采购合同签订之日起2个工作日

内,将政府采购合同在省级以上人民政府财政部门指定的媒体上公告,但政府采购合同中涉及国家秘密、商业秘密的内容除外。

第六十七条 采购人有下列情形之一的,由财政部门责令限期改正,给予警告,对直接负责的主管人员和其他直接责任人员依法给予处分,并予以通报:

(七)未按照规定公告政府采购合同。

十、投标人相互串通投标问题

案例六十六 20××年8月,某事业单位上级管理部门成立审计小组,对该单位实施的政府采购项目开展内部审查工作。审查某公开招标采购项目时发现,该项目的采购内容为含有硬件和软件开发的系统集成项目,截至公告约定的截止时间,共有甲、乙、丙三家投标人按时递交投标文件,其中甲公司报价略低于采购预算,乙公司和丙公司的报价均与公布的采购预算金额一致,且乙公司和丙公司的各项分项报价均完全相同。进一步审查乙公司的投标文件发现,乙公司承担多项业绩的甲方均为甲公司,该项目最终中标人为甲公司。

案例解析

按照规定,不同投标人的投标文件异常一致或者投标报价呈规律性差异,视为投标人相互串通投标。该案例中,甲、乙、丙三家投标人的报价存在一定的规律性差异,且该项目采购内容包含硬件及软件开发等多项内容,乙公司和丙公司的各项分项报价却完全一致。另外,业绩材料显示,乙公司和甲公司有长期紧密的业务往来,故该项目有较大可能存在供应商之间串通投标、操纵采购的现象,需进一步深入审查。如确实存在供应商之间恶意串通的行为,应依法对供应商追究法律责任。

延伸阅读

《中华人民共和国政府采购法》(2014年)

第二十五条　政府采购当事人不得相互串通损害国家利益、社会公共利益和其他当事人的合法权益;不得以任何手段排斥其他供应商参与竞争。

供应商不得以向采购人、采购代理机构、评标委员会的组成人员、竞争性谈判小组的组成人员、询价小组的组成人员行贿或者采取其他不正当手段谋取中标或者成交。

采购代理机构不得以向采购人行贿或者采取其他不正当手段谋取非法利益。

第七十七条　供应商有下列情形之一的,处以采购金额千分之五以上千分之十以下的罚款,列入不良行为记录名单,在一至三年内禁止参加政府采购活动,有违法所得的,并处没收违法所得,情节严重的,由工商行政管理机关吊销营业执照;构成犯罪的,依法追究刑事责任:

(一)提供虚假材料谋取中标、成交的;

(二)采取不正当手段诋毁、排挤其他供应商的;

(三)与采购人、其他供应商或者采购代理机构恶意串通的;

(四)向采购人、采购代理机构行贿或者提供其他不正当利益的;

(五)在招标采购过程中与采购人进行协商谈判的;

(六)拒绝有关部门监督检查或者提供虚假情况的。

供应商有前款第(一)至(五)项情形之一的,中标、成交无效。

《中华人民共和国政府采购法实施条例》(2015年)

第七十四条　有下列情形之一的,属于恶意串通,对供应商依照政府采购法第七十七条第一款的规定追究法律责任,对采购人、采购代理机构及其工作人员依照政府采购法第七十二条的规定追究法律责任：

（三）供应商之间协商报价、技术方案等投标文件或者响应文件的实质性内容；

（四）属于同一集团、协会、商会等组织成员的供应商按照该组织要求协同参加政府采购活动；

（五）供应商之间事先约定由某一特定供应商中标、成交；

（六）供应商之间商定部分供应商放弃参加政府采购活动或者放弃中标、成交。

《中华人民共和国招标投标法实施条例》(2019 年)

第三十九条　禁止投标人相互串通投标。有下列情形之一的，属于投标人相互串通投标：

（一）投标人之间协商投标报价等投标文件的实质性内容；

（二）投标人之间约定中标人；

（三）投标人之间约定部分投标人放弃投标或者中标；

（四）属于同一集团、协会、商会等组织成员的投标人按照该组织要求协同投标；

（五）投标人之间为谋取中标或者排斥特定投标人而采取的其他联合行动。

第四十条　有下列情形之一的，视为投标人相互串通投标：

（一）不同投标人的投标文件由同一单位或者个人编制；

（二）不同投标人委托同一单位或者个人办理投标事宜；

（三）不同投标人的投标文件载明的项目管理成员为同一人；

（四）不同投标人的投标文件异常一致或者投标报价呈规律性差异；

（五）不同投标人的投标文件相互混装；

（六）不同投标人的投标保证金从同一单位或者个人的账户转出。

第五部分　项目管理方面

一、项目预算编制不合理问题

案例六十七　某事业单位项目 20×7 年结转 146.7 万元，20×8 年结转 486.97 万元，20×9 年在预算编制中未编制年初结转结余预算，同时继续安排当年财政拨款 360 万元，年底结转增至 740 万元。

案例解析

按照规定，结转结余资金应纳入当年预算中。实际工作中，有的单位未将年初结转结余纳入预算中，导致在还有累计未使用的项目结转资金的情况下仍然申请该项目的当年预算，造成项目结转持续增加。有的单位为了多申请财政项目资金，通过少填报、不填报以前年度结转结余的方式隐瞒单位实际项目资金情况，导致出现项目预算编制不合理、财政资金浪费等问题。

延伸阅读

《中央部门结转和结余资金管理办法》(2016 年)

第十四条　编制年度预算时，中央部门应充分预计和反映项目支出结转资金，并结合结转资金情况统筹安排以后年度项目支出预算。财政部批复年初预算时一并批复部门上年底项目支出结转资金情况。

第二十二条　中央部门应努力提高预算编制的科学性、准确性，合理安排分年支出计划，根据实际支出需求编制年度预算。

二、项目预算变更程序不合规问题

案例六十八　某事业单位有××改造项目，其可研报告中拟购置 630kVA 变压器，在 20×7 年 6 月公开招标的二标段的招标控制价中即变更为 800kVA 变压器，涉及金额 12 万元，其主管部门于 20×8 年 11 月批复同意；20×7 年某修缮项目，项目可研批复总投资 120 万元，项目实施过程中 24 万元的 UPS 电源购置费变更为配电柜等，占项目总投资的 20%，未履行审批手续。

案例解析

按照规定，项目实施过程中涉及改变可研批复内容的部分，项目单位应及时向审批单位报告，不得擅自变更。实际工作中，有的单位变更项目可研报告经批复的内容，没有及时向审批单位报告，或者审批单位批复不及时，导致项目未经审批单位批准同意就先变更了可研批复中的内容并进行项目实施。此种情况属于违规行为。

延伸阅读

《政府投资条例》(2019 年)

第二十一条　政府投资项目应当按照投资主管部门或者其他有

关部门批准的建设地点、建设规模和建设内容实施;拟变更建设地点或者拟对建设规模、建设内容等做较大变更的,应当按照规定的程序报原审批部门审批。

《中央预算内直接投资项目概算管理暂行办法》(2015 年)

第十三条　项目初步设计及概算批复核定后,应当严格执行,不得擅自增加建设内容、扩大建设规模、提高建设标准或改变设计方案。确需调整且将会突破投资概算的,必须事前向国家发展改革委正式申报;未经批准的,不得擅自调整实施。

三、项目档案整理不规范问题

案例六十九　20××年,审计人员检查发现,某事业单位项目档案无目录,整理不规范,施工合同、竣工财务决算批复等为复印件;某项目资料与同年其他项目混存,缺少可研报告请示文件,其他管理类文件多为黑头无章文件。

案例解析

建设单位应按照《中华人民共和国档案法》《基本建设项目档案资料管理规定》等的要求,从项目申请立项时,即开始进行档案资料的积累、整理、审查工作;项目竣工验收时,同步完成资料的验收和归档工作。实际工作中,有的单位项目管理制度不完善,通常会忽视项目相关档案的整理和保管。档案管理也是内控管理的重要一环,如果缺失,不仅会给日后项目的相关检查带来不便,也会形成管理上的漏洞,一旦项目出现问题,就会查无对证,难以解决。

延伸阅读

《基本建设财务规则》(2017年)

第三十四条　在编制项目竣工财务决算前，项目建设单位应当认真做好各项清理工作，包括账目核对及账务调整、财产物资核实处理、债权实现和债务清偿、档案资料归集整理等。

四、项目未按规定扣留质保金问题

案例七十　20××年，审计人员检查发现，某事业单位有××修缮项目，工程施工合同未约定质保金及其支付方式，未按规定扣留质保金。

案例解析

质保金一般指的是工程质量保证金，是为了落实项目工程在缺陷责任期内的维修责任，建设单位与施工企业在项目工程建设承包合同中约定，从应付的工程款中预留，用以保证施工企业在缺陷责任期内对已通过竣工验收的项目工程出现的缺陷进行维修的资金。因此，为了保证工程项目的施工质量，保障建设单位的权益，建设单位应预留质保金，并应根据质保金的不同形式确定预留比例。如果工程项目已经缴纳履约保证金或者以工程质量保证担保、工程质量保险等其他保证方式的，则不用预留工程质量保证金。

延伸阅读

《建设工程价款结算暂行办法》(2004 年)

第七条　发包人、承包人应当在合同条款中对涉及工程价款结算的下列事项进行约定：

(一)预付工程款的数额、支付时限及抵扣方式；

(七)工程质量保证(保修)金的数额、预扣方式及时限。

《建设工程质量保证金管理办法》(2017 年)

第三条　发包人应当在招标文件中明确保证金预留、返还等内容，并与承包人在合同条款中对涉及保证金的下列事项进行约定：

(一)保证金预留、返还方式；

(二)保证金预留比例、期限。

第六条　在工程项目竣工前，已经缴纳履约保证金的，发包人不得同时预留工程质量保证金。采用工程质量保证担保、工程质量保险等其他保证方式的，发包人不得再预留保证金。

五、项目未按照合同执行问题

案例七十一　20××年，某事业单位××项目的合同规定，从某公司采购专业设备一批，合同签订后支付货款的 30%，收到专业设备并验收完成后支付货款的 65%。实际上，该事业单位在还未收到货物时就提前支付了货款。

案例解析

该案例中，该事业单位没有按合同约定在收到货物后支付货款，而是提前支付，违反了合同约定。按照规定，合同签订生效后，合同各方应按照合同的款项履行义务，不能擅自改变。实际工作中，有的单位为加快项目预算执行进度而提前支付货款，或者没有对项目进行竣工验收手续就提前支付货款，甚至还存在虚构业务、转移项目款的问题。这些都属于违规违法操作。

案例七十二　20××年，某事业单位××项目合同中规定，承包方按项目总价款的10%提供履约担保。但经检查，该事业单位并未向承包方收取履约保证金。另一事业单位，××项目合同中规定，在项目竣工验收完成后，由该单位向承包人退还履约保证金。该项目于当年10月完成竣工验收，但检查发现，该事业单位已于当年6月就将履约保证金提前退还承包单位。

案例解析

该案例中，事业单位没有按照合同约定收取履约保证金；没有按照合同约定时间退还履约保证金。实际工作中，经常会出现项目签订合同后未严格按照合同内容执行的现象，比如未按合同要求进度支付工程款、未按合同要求收取履约保证金、未按合同要求时间完成竣工验收、没有竣工验收就退还履约保证金。这些做法都存在很多资金风险，属于违规违法操作。

延伸阅读

《建设工程施工发包与承包计价管理办法》(2014年)

第十七条　发承包双方应当按照合同约定，定期或者按照工程进度分段进行工程款结算和支付。

《中华人民共和国民法典》(2020年)

第五百零九条　当事人应当按照约定全面履行自己的义务。

当事人应当遵循诚信原则,根据合同的性质、目的和交易习惯履行通知、协助、保密等义务。

当事人在履行合同过程中,应当避免浪费资源、污染环境和破坏生态。

六、基建项目未及时办理竣工财务决算问题

案例七十三　某事业单位20××年竣工验收的中央基建项目,两年后仍未办理竣工财务决算,结余资金未清理。

案例解析

项目竣工财务决算是正确核定项目资产价值、反映竣工项目建设成果的文件,是办理资产移交和产权登记的依据,包括竣工财务决算报表、竣工财务决算说明书以及相关材料。工程竣工验收后要及时进行项目竣工财务决算审计,结余的资金应该按照规定报上级部门,经审批后收回国库或者调剂至别的项目。实际工作中,有的单位认为工程竣工验收完项目就结束了,导致项目长期未进行竣工财务决算,不能形成资产,结余资金沉淀在账上,造成财政资金浪费。

延伸阅读

《基本建设财务规则》(2017年)

第三十三条　项目建设单位在项目竣工后,应当及时编制项目

竣工财务决算，并按照规定报送项目主管部门。

第四十八条　经营性项目结余资金，转入单位的相关财产。

非经营性项目结余资金，首先用于归还项目贷款。如有结余，按照项目资金来源属于财政资金的部分，应当在项目竣工验收合格后3个月内，按照预算管理制度有关规定收回财政。

《财政部关于基本建设项目竣工结余财政性资金处理有关事宜的通知》(2013年)

一、基本建设项目竣工后，应抓紧办理工程价款结算，及时按规定处理结余资金。其中：

1. 按规定应上交国库的结余财政性资金，应在竣工验收后3个月以内上交国库。结余财政性资金没有支付仍在国库的，应在竣工验收后3个月以内按规定申请预算调整。

七、未严格执行项目建设程序、未批先建问题

案例七十四　某事业单位项目投资总额500万元，未严格执行项目建设程序，可行性研究报告未获批准先行建设，导致建设项目投资过程控制不力，超概算严重。

案例解析

基本建设项目从立项到建成交付使用应严格执行项目建设程序，一般情况下，完成上一道程序后方可转入下一道程序。上述案例中，项目可行性研究报告事先未经过审核批准，可能存在编报不科学、不精准的问题，造成项目建设过程投资不可控、超概算。未严格执行项目建设程序的案例有很多，例如，未办理施工许可证、规划许可证就先行建设属于未批先建，建设项目未办理完前期手续却已实施工程招投标，以及未执行招标程序就先行签订合同等，均属于此类问题。

延伸阅读

《建设工程质量管理条例》(2019年)

第五条　从事建设工程活动,必须严格执行基本建设程序,坚持先勘察、后设计、再施工的原则。

八、项目超概算、建设内容变更未按规定履行调整报批手续问题

案例七十五　20××年,某事业单位基础设施改造项目,中央核定投资520万元,在施工建设过程中,由于项目造价控制不力,实际投资620万元,超概算100万元,未履行调整报批手续。

案例解析

按照国家有关规定,要严格控制基本建设项目投资概算,一经批复,任何单位和个人不得擅自调整。该案例中,中央核定投资520万元,实际超支100万元,超概算19%。按照规定,超概算10%以上须报原概算审批单位批准。

基本建设项目未严格按照批复的内容进行建设的情况很多。比如,擅自改变国家规定的投资方向,原定用于国家重点项目资金的中央投资,实际用于地方投资建设项目或非国家建设项目,甚至用于国家限制或禁止投资的产业,破坏国家宏观产业政策。又比如,将国家建设项目资金擅自挪用,截留在本单位弥补事业经费的不足,或搞储蓄存款为本单位谋取利益。按照规定,项目实施过程中涉及改变可研批复内容的部分,项目单位应及时向审批单位报告,不得擅自变更。

延伸阅读

《国务院关于固定资产投资项目试行资本金制度的通知》(1996年)

八、……对投资项目概算要实行静态控制、动态管理。凡实际动态概算超过原批准动态概算的，投资项目资本金应按本通知规定的比例，以经批准调整后的概算为基数，相应进行调整，并按照国家有关规定，确定各出资方应增加的资本金。实际动态概算超过原批准动态概算10%的，其概算调整须报原概算审批单位批准。

《政府投资条例》(2019年)

第二十一条　政府投资项目应当按照投资主管部门或者其他有关部门批准的建设地点、建设规模和建设内容实施；拟变更建设地点或者拟对建设规模、建设内容等做较大变更的，应当按照规定的程序报原审批部门审批。

《中央预算内直接投资项目概算管理暂行办法》(2015年)

第十三条　项目初步设计及概算批复核定后，应当严格执行，不得擅自增加建设内容、扩大建设规模、提高建设标准或改变设计方案。确需调整且将会突破投资概算的，必须事前向国家发展改革委正式申报；未经批准的，不得擅自调整实施。

《财政部 建设部关于印发〈建设工程价款结算暂行办法〉的通知》(2004年)

第十条　……(一)施工中发生工程变更，承包人按照经发包人认可的变更设计文件，进行变更施工，其中，政府投资项目重大变更，需按基本建设程序报批后方可施工……

九、未公开招标，或招标不规范，存在围标、串标等问题

案例七十六 某事业单位基础设施建设项目，中央投资420万元，未执行公开招标程序；某事业单位综合改善项目，中央投资620万元，拆分为5个子项目分别实施，其中3个子项目未公开招标，2个子项目招标程序不规范。

案例解析

基本建设项目不按规定进行招投标、不执行政府采购，或将基本建设项目化整为零，通过拆分项目规避公开招标，此类违反工程招标或政府采购规定的问题比较突出。还有一些单位虽然执行了招投标或政府采购，但招投标或政府采购过程不规范，存在围标、串标现象，导致中标单位投标价超出控制价。有的单位未编制工程量清单，未见评标记录，不同投标单位标书高度一致，或者标书出于同一台电脑、同一台打印机、存在相同错误；有的单位未与中标单位签订合同，或工程款支付对方为非中标单位的银行账户。

延伸阅读

《中华人民共和国招标投标法》(2017年)

第四条 任何单位和个人不得将依法必须进行招标的项目化整为零或者以其他任何方式规避招标。

第三十六条 ……开标过程应当记录，并存档备查。

《中华人民共和国招标投标法实施条例》(2019年)

第十五条 公开招标的项目，应当依照招标投标法和本条例的

规定发布招标公告、编制招标文件。

第四十条　有下列情形之一的，视为投标人相互串通投标：

（一）不同投标人的投标文件由同一单位或者个人编制；

（二）不同投标人委托同一单位或者个人办理投标事宜；

（三）不同投标人的投标文件载明的项目管理成员为同一人；

（四）不同投标人的投标文件异常一致或者投标报价呈规律性差异；

（五）不同投标人的投标文件相互混装；

（六）不同投标人的投标保证金从同一单位或者个人的账户转出。

第四十二条　使用通过受让或者租借等方式获取的资格、资质证书投标的，属于招标投标法第三十三条规定的以他人名义投标。投标人有下列情形之一的，属于招标投标法第三十三条规定的以其他方式弄虚作假的行为：

（一）使用伪造、变造的许可证件；

（二）提供虚假的财务状况或者业绩；

（三）提供虚假的项目负责人或者主要技术人员简历、劳动关系证明；

（四）提供虚假的信用状况；

（五）其他弄虚作假的行为。

十、项目合同内容不齐全，未严格执行合同约定问题

案例七十七　某事业单位基础设施项目，中央投资 280 万元，招标文件要求施工工期 12 个月，履约保证金为合同价的 5%，质保金为合同价的 3%。签订合同时约定工期 18 个月，未约定履约保证金和质保金等相关内容。某事业单位建设项目投资 450 万元，与施工单

位签订合同协议书，仅约定合同价款、工期、质量等内容，未约定预付款、进度款支付、价款结算方式等内容，其中 24.90 万元为零星采购，未签订合同。

案例七十八 某事业单位业务平台项目合同价 49.20 万元，合同约定预付款 30%，实际支付预付款 20 万元，超过 30% 的合同约定；某事业单位项目，购买设备款 150 万元，合同中约定，签订合同后支付 50%，验收合格后支付 45%，剩余 5% 一年后支付，实际一次性支付 157 万货款，且未增项说明。

案例解析

合同是甲乙双方权利义务的明确约定。依法成立的合同要求当事人按约定的标的及其质量、数量，约定的履行期限、履行地点、适当的履行方式等，全面完成合同义务的履行。如确因实际情况有调整，应签订补充协议。不执行合同约定的案例有很多。例如，合同中约定支付尾款时扣留质保金，实际未扣留；合同中约定按照施工进度支付工程款，为完成预算执行进度，实际支付进度款超出工程完成量。基本建设项目合同很重要，一旦发生纠纷，涉及金额大、风险高。常见问题很多，例如合同内容和招投标文件的实质内容不一致；未约定质量、工期、金额等实质性条款；合同双方权利义务约定不严谨、不明晰；材料采购、预付款、进度款、结算方式等关键性条款规定不明确；未约定履约保证金和质量保证金等保障性条款；双方签字盖章不齐全、无签订日期等。此类合同内容的缺失都可能带来无法追究对方责任的风险，给单位造成不必要的损失。

延伸阅读

《中华人民共和国民法典》(2020 年)

第四百六十五条　依法成立的合同，受法律保护。依法成立的合同，仅对当事人具有法律约束力，但是法律另有规定的除外。

第七百九十五条　施工合同的内容一般包括工程范围、建设工期、中间交工工程的开工和竣工时间、工程质量、工程造价、技术资料交付时间、材料和设备供应责任、拨款和结算、竣工验收、质量保修范围和质量保证期、相互协作等条款。

十一、未建立项目内控制度，施工过程、价款支付、结算方式等缺乏有效控制问题

案例七十九　某单位建设项目，多次支付进度款，未附监理确认的工程施工进度表，也未取得发票，工程完工后，未作竣工结算审计，实际支付价款超过合同总价，无补充协议；某单位维修改造项目，合同价 200 万元，施工过程控制不严，工程竣工结算时，建设单位补签的变更签证单多达 30 多份，涉及资金 100 万元。

案例分析

某些建设单位项目资金管理不严格，结算流程不规范，施工过程缺乏有效控制。例如，资金支付附件资料不完整、不合规，缺少相关依据；审批程序不严谨，未进行投资控制或投资控制不规范；签证洽商不及时，结算时补办，真假难辨；不经现场证实和监理确认随意签证等，均存在资金安全隐患以及廉政风险。

延伸阅读

《基本建设财务规则》(2017年)

第二十条　项目主管部门应当按照预算管理规定，督促和指导项目建设单位做好项目财政资金预算编制、执行和调整，严格审核项目财政资金预算、细化预算和预算调整的申请，及时掌握项目预算执行动态，跟踪分析项目进度，按照要求向财政部门报送执行情况。

第二十二条　项目建设单位应当严格控制建设成本的范围、标准和支出责任，以下支出不得列入项目建设成本：

(一)超过批准建设内容发生的支出；

(二)不符合合同协议的支出；

(三)非法收费和摊派；

(四)无发票或者发票项目不全、无审批手续、无责任人员签字的支出；

(五)因设计单位、施工单位、供货单位等原因造成的工程报废等损失，以及未按照规定报经批准的损失；

(六)项目符合规定的验收条件之日起3个月后发生的支出；

(七)其他不属于本项目应当负担的支出。

第三十条　项目主管部门应当会同财政部门加强工程价款结算的监督，重点审查工程招投标文件、工程量及各项费用的计取、合同协议、施工变更签证、人工和材料价差、工程索赔等。

第六部分　费用支出方面

一、因公出国费支出不规范问题

案例八十　20××年×月，某事业单位一行5人到国外某大学培训考察，违规让其下属企业承担该次出国费用并骗取出国审批。

案例解析

按照规定，因公临时出国经费要全部纳入预算管理，严格控制因公临时出国经费总额，科学合理地安排因公临时出国经费预算，不能超预算、无预算列支，更不能转嫁到下级机关、下属单位或企业等。实际工作中，有的单位因无出国经费预算，或预算超支，或无实质出国任务等情况，出现转嫁出国经费的问题。该案例中的出国任务并未经过审批，甚至可能存在骗取出国经费用于私人旅游的情况。因此，因公临时出国经费要纳入预算，加强管理。

案例八十一　20××年，某事业单位批复因公出国预算为0元，财务账出国费科目支出为0元。经查，实际出国两次，费用计入差旅费。

案例解析

该案例属于无预算安排因公出国经费问题。实际工作中，有的单位没有出国经费的预算却仍然安排出国，可能存在无实质性内容出国、未经审批出国、使用公款出国旅游或者办理私事等情况，回国后为了掩盖无预算出国的问题，便将费用处理为国内差旅费。

案例八十二 20××年×月，某事业单位报销因公出国补助费4580元(列其他应付款)、国际机票1.2万元(列差旅费)。原始凭证未附出国审批文件、出国代表团(组)费用结算表等。

案例解析

按照规定，因公出国应事先审批，未经批准的不得安排出国。因公出国回国报销时，要严格按照审批的出国计划和合规的费用支出进行报销。实际工作中，有的单位存在以下情况：一是以不正当方式谋求公款出国，比如通过虚报出国(境)公务、购买或者伪造邀请函、编造虚假日程等方式，谋求公款出国(境)；二是出国后，未按照申报并经外事部门批准的计划组织实施，变相用公款出国(境)旅游；三是在出国(境)期间擅自变更路线，办理私事等与工作无关的事情。因此，为了严格控制因公临时出国规模，规范因公临时出国经费管理，加强监督，报销时需要附上出国审批文件、国外费用报销单等凭证。

延伸阅读

《因公临时出国经费管理办法》(2013年)

第四条 因公临时出国经费应当全部纳入预算管理，并按照下列规定执行：

(一)各级财政部门应当加强因公临时出国经费的预算管理，严格控制因公临时出国经费总额，科学合理地安排因公临时出国经费预算。

（二）各地区各部门各单位应当加强预算硬约束，认真贯彻落实厉行节约的要求，在核定的年度因公临时出国经费预算内，务实高效、精简节约地安排因公临时出国活动，不得超预算或无预算安排出访团组。确有特殊需要的，按规定程序报批。

第六条　各地区各部门各单位出国经费的支付，应当严格按照国库集中支付制度和公务卡管理制度的有关规定执行。

各地区各部门各单位应当严格执行各项经费开支标准，不得擅自突破，严禁接受或变相接受企事业单位资助，严禁向同级机关、下级机关、下属单位、企业、驻外机构等摊派或转嫁出访费用。

第七条　各地区各部门各单位应当建立因公临时出国计划与财务管理的内部控制制度。出访团组应当事先填报《因公临时出国任务和预算审批意见表》（见附 1），由单位外事和财务部门分别出具审签意见，明确审核责任。出国任务、出国经费预算未通过审核的，不得安排出访团组。

第十六条　出国人员回国报销费用时，须凭有效票据填报有团组负责人审核签字的国外费用报销单（具体表格由各单位制定）。各种报销凭证须用中文注明开支内容、日期、数量、金额等，并由经办人签字。

各单位财务部门应当根据本办法制定本单位财务报销审批的具体规定，加强对因公临时出国团组的经费核销管理。各单位财务部门应当对因公临时出国团组提交的出国任务批件、护照（包括签证和出入境记录）复印件及有效费用明细票据进行认真审核，严格按照批准的出国团组人员、天数、路线、经费预算及开支标准核销经费，不得核销与出访任务无关的开支。

案例八十三　20××年×月，某事业单位于某等 5 人，赴美国芝加哥参加国际会议，每人每晚住宿费 240 美元，超过每人每天 220 美元的标准。

案例解析

按照规定，出国住宿费应按照标准执行。该单位人员参加国际会议，确需超标准住宿的，应提前报单位审批，未经批准擅自提高住宿标准的，超出部分不予报销。

延伸阅读

《因公临时出国经费管理办法》(2013年)

第十一条　住宿费按照下列规定执行：

(二)参加国际会议等的出国人员，原则上应当按照住宿费标准执行。如对方组织单位指定或推荐酒店，应当严格把关，通过询价方式从紧安排，超出费用标准的，须事先报经本单位外事和财务部门批准。经批准，住宿费可据实报销。

二、公务用车运行维护费支出不规范问题

案例八十四　20××年×月，某事业单位在财务检查中发现以下公务用车方面的问题：检查司机班汽车行驶记录，多数没有记录用车人，只登记用车单位，出车事由填写不明确；有派车单，但部分派车单存在无领导审批的情况；没有对派车单进行连续编号；公务用车燃油费管理不规范，无燃油费管理登记台账，日常将油卡交予司机自行使用；公务用车维修管理不规范，日常车辆维修为口头报修，无请修单，凭发票及结算单报销。

案例解析

按照规定，单位应加强对公务用车使用的管理，做好用车时间、

事由、地点、里程、油耗、费用等信息的登记,堵塞公车管理的漏洞。实际工作中,有的单位没有做好公车使用的信息登记,或缺失时间、地点,或出车事由记录不清,或相关的油费、维修维护费等与公车的使用对不上等,为公车私用、私车公养等违规行为大开方便之门。

案例八十五　某事业单位司机为聘用人员,未办理公务卡,20××年上半年,累计使用个人储蓄卡、现金等形式支付加油费18次,累计金额达7100元。该单位公车实际里程数的油耗并未达到加油费的金额。

案例解析

按照规定,公务用车加油应使用公务卡结算。实际工作中,有的单位使用现金、职工个人银行卡支付等形式支出加油费。由于这些支付方式无法体现资金流向,不能完全体现真实交易信息,会存在实际资金支出不是加油费用,或实际加油车辆不是公务车辆的情况。

案例八十六　20××年上半年,某事业单位公务用车加油均为临时性加油,未采用定点加油、政府集中采购。

案例解析

按照规定,公务用车加油应实行政府集中采购和定点加油制度。实际工作中,有的单位公务用车加油管理不严格,经常在非定点加油站临时加油,公务用车加油的台账记录也不全面,存在公车私用或者私车公养的违规风险。

案例八十七　20××年×月,财务检查中发现,某事业单位存在机关车辆与直属单位车辆混合记账的情况:车辆和支出费用分别在机关和机关服务中心,但是记账混在一起,各项费用列支不清晰,管理不规范。

案例解析

按照规定，党政机关公务用车要按照编制管理，根据工作需要、机构设置等配备相应的车辆，不能占用下属单位车辆。实际工作中，有的单位存在上级机关和下属单位用车混乱的情况，造成公务用车费用列支不准确、在车辆维修等费用中报销非本单位车辆运行维护费用、上级机关占用下属单位车辆等问题。

延伸阅读

《党政机关公务用车管理办法》(2017年)

第十六条　党政机关应当加强公务用车使用管理，严格按照规定使用公务用车，严禁公车私用、私车公养，不得既领取公务交通补贴又违规使用公务用车。

第二十条　党政机关应当建立健全公务用车使用管理制度，严格执行，加强监督，降低运行成本。

严格公务用车使用时间、事由、地点、里程、油耗、费用等信息登记和公示制度。严格执行回单位或者其他指定地点停放制度，节假日期间除工作需要外应当封存停驶。

实行公务用车保险、维修、加油政府集中采购和定点保险、定点维修、定点加油制度，健全公务用车油耗、运行费用单车核算和年度绩效评价制度。

第二十六条　党政机关有下列情形之一的，依纪依法追究相关人员责任：

(四)换用、借用、占用下属单位或者其他单位和个人的车辆，或者擅自接受企事业单位和个人赠送车辆的；

(七)在车辆维修等费用中虚列名目或者夹带其他费用，为非本单位车辆报销运行维护费用的。

《党政机关厉行节约反对浪费条例》(2013年)

第十一条　全面实行公务卡制度。健全公务卡强制结算目录，党政机关国内发生的公务差旅费、公务接待费、公务用车购置及运行费、会议费、培训费等经费支出，除按规定实行财政直接支付或者银行转账外，应当使用公务卡结算。

第二十七条　公务用车实行政府集中采购，应当选用国产汽车，优先选用新能源汽车。

公务用车严格按照规定年限更新，已到更新年限尚能继续使用的应当继续使用，不得因领导干部职务晋升、调任等原因提前更新。

公务用车保险、维修、加油等实行政府采购，降低运行成本。

案例八十八　20××年7月1日公车改革以后，某行政机关单位就封车了，市局保留2辆车，但是实际使用至少3辆车，属于违规使用下属单位车辆。

案例解析

按照规定，党政机关公务用车要根据机构设置、人员编制和工作需要等因素确定公务用车的编制数量，在核定的公务用车数量范围内使用，不能超编制、超标准配备公务用车，也不能借用、占用下属单位车辆。

延伸阅读

《党政机关公务用车管理办法》(2017年)

第六条　党政机关公务用车实行编制管理。车辆编制根据机构设置、人员编制和工作需要等因素确定。

第二十六条　党政机关有下列情形之一的，依纪依法追究相关人员责任：

（四）换用、借用、占用下属单位或者其他单位和个人的车辆，或者擅自接受企事业单位和个人赠送车辆的。

三、公务接待费支出不规范问题

案例八十九　20××年×月×日，某事业单位结算11笔公务接待费，收款方均为同一酒店，其原因为所在地区欠发达，对企业购票和开具发票流程不熟悉，未能在接待完毕及时开票，所以出现了集中开票、集中报销的现象。

案例解析

按照规定，公务接待费应“一事一结”，不应长期挂账。实际工作中，有的单位在长期合作的饭店挂账公务接待费用，管理混乱，可能会造成单位人员私人用餐混在公务接待费中结算的情况。

案例九十　20××年，某事业单位财务检查中发现，存在将业务值班和重大活动值班的盒饭、工作临时用餐、会议临时用餐、党员活动费等不属于公务接待费报销范围的费用在公务接待费中报销的情况。

案例解析

按照规定，要严格控制公务接待的范围，因公务活动而产生的接待费用才能列入公务接待范畴。实际工作中，有的单位将工作临时用餐、加班餐费、党员活动费等费用列入公务接待费中报销，一方面会造成公务接待费用不实，另一方面可能会存在用公款报销应由个人负担费用的情况。

案例九十一 20××年，某事业单位开展财务检查发现，公务接待存在管理不严、不规范的情况：有3次接待没有公函，用接待方案代替报销；用接待申请单、会议邀请函代替公函；缺少派出单位公函和接待清单。

案例解析

按照规定，接待公函要素包括告知内容、行程、人员等，接待方案、接待申请单、会议邀请函不等同于接待公函。因此，在公务接待中，派出单位要向接待单位发出公函。接待清单包括接待对象的单位、姓名、职务和公务活动项目、时间、场所、费用等内容。实际工作中，有的单位未填写接待清单，该要件如缺失，会造成接待费用具体明细不清，为接待超标、超范围等留出可乘之机。

案例九十二 20××年至今，某事业单位多次将公务接待费以现金形式支付给个人。该个人为食堂承包经营者，开立了对公银行账户。

案例解析

按照规定，公务接待费的结算应使用公务卡或者银行转账，不具备条件的地方才能使用现金。实际工作中，有的单位未能严格按照要求选择支出方式，而是使用现金结算公务接待费，资金流向不明确，可能存在实际支出内容不符合公务接待相关规定的情况，比如从烟酒经销商购买高档酒水、从奢侈品店购买礼品等。

延伸阅读

《党政机关国内公务接待管理规定》(2013年)

第六条　接待单位应当严格控制国内公务接待范围，不得用公款报销或者支付应由个人负担的费用。

国家工作人员不得要求将休假、探亲、旅游等活动纳入国内公务接待范围。

第十四条　接待费报销凭证应当包括财务票据、派出单位公函和接待清单。

接待费资金支付应当严格按照国库集中支付制度和公务卡管理有关规定执行。具备条件的地方应当采用银行转账或者公务卡方式结算，不得以现金方式支付。

《党政机关厉行节约反对浪费条例》(2013年)

第二十条　党政机关应当建立公务接待审批控制制度，对无公函的公务活动不予接待，严禁将非公务活动纳入接待范围。

第二十一条　党政机关应当严格执行国内公务接待标准，实行接待费支出总额控制制度。

接待单位应当严格按标准安排接待对象的住宿用房，协助安排用餐的按标准收取餐费，不得在接待费中列支应当由接待对象承担的费用，不得以举办会议、培训等名义列支、转移、隐匿接待费开支。

建立国内公务接待清单制度，如实反映接待对象、公务活动、接待费用等情况。接待清单作为财务报销的凭证之一并接受审计。

案例九十三　20××年，某事业单位在某项目的会议费中列支餐费1.5万元。

案例解析

按照规定，会议费中包括的餐费应为开会期间的伙食费。在会议费中列支公务接待费，会造成“三公”经费不实，存在公务接待费实际超预算的情况。实际工作中，有的单位存在公务接待预算不够，但会议费花不完的情况，便通过此种形式规避接待费标准、扩大接待范围，这会造成接待费超标，增加会议费支出，存在会议费中隐藏接待费隐患的情况。

案例九十四 20××年×月，某事业单位在职工食堂接待上级部门人员，该项费用与职工餐费一起结算，未从公务接待费中列支。

案例解析

按照规定，公务接待费应当全部纳入预算管理，单独列示。实际工作中，有的单位在其他支出中列支接待费，一方面存在公务接待费列支不实，实际支出存在超预算甚至无预算的情况，另一方面潜藏着公务接待超范围、超标准的可能。

延伸阅读

《党政机关国内公务接待管理规定》(2013年)

第十二条 各级党政机关应当加强对国内公务接待经费的预算管理，合理限定接待费预算总额。公务接待费用应当全部纳入预算管理，单独列示。

禁止在接待费中列支应当由接待对象承担的差旅、会议、培训等费用，禁止以举办会议、培训为名列支、转移、隐匿接待费开支；禁止向下级单位及其他单位、企业、个人转嫁接待费用，禁止在非税收入中坐支接待费用；禁止借公务接待名义列支其他支出。

案例九十五 20××年12月，某事业单位支付接待费：接待对象5人，陪同2人，按标准接待费预算为840元，实际支出1020元，且在接待费中列支香烟款195元。

案例解析

按照规定，公务接待用餐要按照标准执行，不能提供香烟和高档酒水。实际工作中，某些单位无视规定，仍然在公务接待中提供香烟和高档酒水，造成奢侈浪费之风，严重影响工作。

案例九十六　20××年，某事业单位存在3次重复接待的情况，3月29日接待上级部门人事部门人员两次，8月21日和23日重复接待上级部门综合办公室人员两次，10月26日重复接待外省兄弟单位人员两次。

案例解析

公务接待应厉行节约、反对浪费，接待对象应按照标准自行用餐，确需接待的，可以安排一次工作餐。实际工作中，有的单位出于讨好上级领导、联络兄弟单位感情等原因，意图通过酒桌文化拉近距离，多次接待同一接待对象，造成不良影响。

延伸阅读

《党政机关国内公务接待管理规定》(2013年)

第十条　接待对象应当按照规定标准自行用餐。确因工作需要，接待单位可以安排工作餐一次，并严格控制陪餐人数。接待对象在10人以内的，陪餐人数不得超过3人；超过10人的，不得超过接待对象人数的三分之一。

工作餐应当供应家常菜，不得提供鱼翅、燕窝等高档菜肴和用野生保护动物制作的菜肴，不得提供香烟和高档酒水，不得使用私人会所、高档消费餐饮场所。

四、会议费支出不规范问题

案例九十七　20××年，某单位审定通过的会议计划17项，实际召开会议19次，部分会议为计划外召开，未经过相关审批程序。

案例解析

按照规定，会议应在年度计划中进行申报审批，会议费支出严格按照预算执行，执行中不得突破。实际工作中，有的单位未经审批，在计划外召开会议，存在诸多问题：一是为了完成预算执行进度，擅自增开会议；二是虚列会议费，套取资金，设立“小金库”。因此，会议费的列支应经过审批，有计划开展。

案例九十八　20×5年至20×7年，某事业单位某会议参会人数超过150人。20×5年、20×6年、20×7年，会议代表及工作人员合计分别为158人、162人、165人，该类会议为三类会议。

案例解析

按照规定，三类会议一般不得超过150人，工作人员控制在会议代表人数的10%以内。实际工作中，有的单位会议参会人员超标，会议费较高，按照实际人数会超出会议费标准，便通过虚增会议人数进行报销的情况。

案例九十九　20××年，某单位召开会议共计花费3.02万元，其中向会议召开地所在下属单位摊派住宿费1.53万元。

案例解析

按照规定，会议费应由会议召开单位承担，不能向下属机构摊派。实际工作中，有的单位实际举办会议超出了预算金额，便采取向下属单位转嫁会议费的方式，规避会议费超预算的问题。还有一种情况，会议开支超出了会议费的标准，超出部分无法在举办单位结算，只能转嫁到下属单位。

案例一百　20××年，某事业单位列支某项目验收会会议费4300元，列支某评估报告审查会会议费3500元，上述会议费报销时未附会议审批文件、参会人员签到表。

案例解析

按照规定，会议费报销时要提供会议审批文件、实际参会人员签到表。提供审批文件是为了核实是否经过审批，提供签到表是为了核实是否人数超标、费用超标。实际工作中，有的单位在会议费报销时未附会议审批文件、参会人员签到表，存在计划外开会或者虚报会议套取会议费的情况。

延伸阅读

《中央和国家机关会议费管理办法》(2016年)

第五条　各单位应当严格会议费预算管理，控制会议费预算规模。会议费预算应当细化到具体会议项目，执行中不得突破。会议费应当纳入部门预算，并单独列示。

第九条　各单位应当严格控制会议规模。

一类会议参会人员按照批准文件，根据会议性质和主要内容确定，严格限定会议代表和工作人员数量。

二类会议参会人员不得超过300人，其中，工作人员控制在会议代表人数的15%以内；不请省、自治区、直辖市和中央部门主要负责同志、分管负责同志出席。

三类会议参会人员不得超过150人，其中，工作人员控制在会议代表人数的10％以内。

四类会议参会人员视内容而定，一般不得超过50人。

第十四条　会议费开支范围包括会议住宿费、伙食费、会议场地租金、交通费、文件印刷费、医药费等。前款所称交通费是指用于会议代表接送站，以及会议统一组织的代表考察、调研等发生的交通支出。会议代表参加会议发生的城市间交通费，按照差旅费管理办法的规定回单位报销。

第十六条　一类会议费在部门预算专项经费中列支，二、三、四类会议费原则上在部门预算公用经费中列支。会议费由会议召开单位承担，不得向参会人员收取，不得以任何方式向下属机构、企事业单位、地方转嫁或摊派。

第十七条　各单位在会议结束后应当及时办理报销手续。会议费报销时应当提供会议审批文件、会议通知及实际参会人员签到表、定点会议场所等会议服务单位提供的费用原始明细单据、电子结算单等凭证。财务部门要严格按规定审核会议费开支，对未列入年度会议计划，以及超范围、超标准开支的经费不予报销。

第二十八条　违反本办法规定，有下列行为之一的，依法依规追究会议举办单位和相关人员的责任：

（一）计划外召开会议的；

（三）虚报会议人数、天数等进行报销的。

五、培训费支出不规范问题

案例一百零一　20××年×月，某事业单位以培训费名义支付××酒店17万元，并在培训费中列支，报销原始单据中无培训通知、培训学员签到表和费用明细清单。

案例解析

按照规定，会议费、培训费报销时，要求除原始发票外，还要附会议（培训）计划、相关通知、参会（培训）人员签到表、酒店的费用结算明细清单。实际工作中，少数单位以培训费或会议费的名义将资金转移到酒店，有三种情况：一是通过虚构培训或会议虚列支出，然后在酒店吃喝消费后签单；二是实际举办了培训或会议，但通过虚增培训或参会人数虚列支出，然后在酒店吃喝消费后签单；三是实际举办了培训或会议，但支出超标，通过虚增培训或参会人数把人均支出“摊低”，使得培训费或会议费“看起来在规定标准内”。第一、二种情况实际上是虚列支出形成“小金库”，第三种情况虽然不是虚列支出，但存在违规提高会议、培训标准的问题。

案例一百零二　20××年，某单位向参训人员违规收取、转嫁摊派培训费，金额合计 2.30 万元。

案例解析

按照规定，培训费应由培训单位承担。实际工作中，有的单位向参训人员收取培训费用，目的是获取额外利益或者抵顶培训开支。

延伸阅读

《中央和国家机关培训费管理办法》（2016 年）

第十七条　报销培训费，综合定额范围内的，应当提供培训计划审批文件、培训通知、实际参训人员签到表以及培训机构出具的收款票据、费用明细等凭证；师资费范围内的，应当提供讲课费签收单或合同，异地授课的城市间交通费、住宿费、伙食费等按照差旅费报销办法提供相关凭据；执行中经单位主要负责同志批准临时增加的培训项目，还应提供单位主要负责同志审批材料。

各单位财务部门应当严格按照规定审核培训费开支，对未履行审批备案程序的培训，以及超范围、超标准开支的费用不予报销。

第十九条　培训费由培训举办单位承担，不得向参训人员收取任何费用。

六、差旅费支出不规范问题

案例一百零三　20××年×月×日，某事业单位8人到异地开展主题党日活动，有关交通费、住宿费按差旅费报销，并领取出差补助800元。

案例解析

按照规定，外出开展党建活动，所发生的城市间交通费、住宿费可以在差旅费报销标准内实报实销，伙食费可以在出差伙食补助标准内凭发票据实报销，但无论在什么经费中（包括党费）开支，个人均不能领取交通补助和伙食补助。实际工作中，有的单位对党费支出政策与普通公务出差政策混淆，存在多领补助的情况。

延伸阅读

《中央和国家机关基层党组织党建活动经费管理办法》
（2017年）

第十条　党建活动经费按支出项目，分别执行下列标准：

（一）城市间交通费、住宿费，参照中央和国家机关差旅费有关规定，按标准执行；个人不得领取交通补助。

（二）伙食费，参照中央和国家机关差旅费有关规定，在差旅费伙食补助费标准内据实报销；一天仅一次就餐的，人均伙食费不超过 40 元；个人不得领取伙食补助。

（三）讲课费，参照中央和国家机关培训费有关标准执行。

（四）租车费，大巴士（25 座以上）每辆每天不超过 1500 元，中巴士（25 座及以下）每辆每天不超过 1000 元；租车到常驻地以外的，租车费可以适当增加。

（五）场地费，每半天人均不得超过 50 元。

（六）资料费和其他有关费用经批准后据实报销。

案例一百零四 20××年×月×日，某事业单位验收某项目出差，审批单出差人员 1 人，实际出行 2 人，审批单出差地点 1 处，实际出差地点 2 处。出差期间未按规定路线、日期执行。

案例解析

按照规定，出差必须报经单位有关领导批准，从严控制出差人数和天数。实际工作中，有的单位出差审批制度不严，出现实际出差人数、天数、出差地点未按照出差审批单执行的情况，这存在两方面的隐患：一是借出差名义，通过改变出差地点、天数的形式变相公款旅游；二是虚报实际出差人数，冒领差旅费。

案例一百零五 20××年×月，某事业单位人员张某某赴某高校参加会议，会议期间食宿均由会议举办方承担，张某某回单位报销时领取了会议期间 4 天的伙食补助。

案例解析

按照规定，工作人员外出参加会议，举办单位统一安排食宿的，会议期间的食宿费由会议举办方统一开支，工作人员不得再另行领取伙食补助。实际工作中，有的单位人员参加了食宿全包的会议后，刻意隐瞒统一安排食宿的事实，仍然领取补助，属于违规行为。

延伸阅读

《中央和国家机关差旅费管理办法》(2013年)

第四条 中央单位应当建立健全公务出差审批制度。出差必须按规定报经单位有关领导批准，从严控制出差人数和天数；严格差旅费预算管理，控制差旅费支出规模；严禁无实质内容、无明确公务目的的差旅活动，严禁以任何名义和方式变相旅游，严禁异地部门间无实质内容的学习交流和考察调研。

第三十条 工作人员外出参加会议、培训，举办单位统一安排食宿的，会议、培训期间的食宿费和市内交通费由会议、培训举办单位按规定统一开支；往返会议、培训地点的差旅费由所在单位按照规定报销。

案例一百零六 20××年×月2—6日，某事业单位接待来调研的上级管理部门人员，收取出差调研人员的伙食费但没有出具收据，而是直接交给承包食堂的个人，也未在单位账上反映。

案例解析

按照规定，出差人员交纳的伙食费，接待单位要及时做好登记、纳入统一核算，同时应出具收款凭证。实际工作中，有的接待单位没有做好伙食费收取的登记，也不提供收款凭证，由此造成了管理漏洞，一些人员钻了空子，既没有交纳伙食费，回到单位还领取补助。因此，接待单位要做好收取伙食费的登记，并出具收款凭证，以便备查。

延伸阅读

《财政部办公厅 国管局办公室 中直管理局办公室 关于规范差旅伙食费和市内交通费收交管理有关事项的通知》(2019年)

四、接待单位应当按规定收取出差人员相关费用,及时出具行政事业单位资金往来结算票据或税务发票;确实无法出具上述凭证的,可出具其他收款凭证。加强收取费用的管理,做好业务台账登记,纳入统一核算,所收费用可作为代收款项用于相关支出或作收入处理。

案例一百零七 20××年×月12—19日,某事业单位人员一行3人赴银川出差,实际发生住宿而无住宿费发票,也无领导审批的特殊情况说明,差旅费报销了往返路费、交通补助和伙食补助。

案例解析

按照规定,出差人员实际发生住宿却无住宿发票的差旅费,如无特殊情况,一般不予报销差旅费。实际工作中,有的单位发生此种情况,存在虚构出差事由,骗取出差费用的问题。

延伸阅读

《中央和国家机关差旅费管理办法有关问题的解答》(2014年)

3. 出差人员实际发生住宿而无住宿发票的差旅费如何报销?

出差人员实际发生住宿而无住宿费发票的,如果是住在自己家里的,或到边远地区出差,无法取得住宿费发票的,由出差人员说明情况并经所在部门领导批准,可以报销城市间交通费、伙食补助费和市内交通费,其他情况一般不予报销差旅费。

案例一百零八　20××年，某事业单位个别工作人员出差超标准乘坐高铁一等座。

案例解析

按照规定，出差人员乘坐交通工具出差时，要按照规定的等级选择对应的火车座次、飞机舱位等，未按照规定等级乘坐的，超支部分由个人负担。

延伸阅读

《中央和国家机关差旅费管理办法》(2013年)

第七条　出差人员应当按照规定等级乘坐交通工具……未按规定等级乘坐交通工具的，超支部分由个人自理。

七、其他费用支出不规范问题

案例一百零九　20××年，某事业单位向员工发放生日慰问金，标准300元/人，以银行转账的形式直接支付到个人储蓄卡账户。

案例解析

按照规定，单位可以向职工发放生日蛋糕，也可以发放指定蛋糕店的蛋糕券，但是不能直接发放慰问金。职工生日发放福利，目的在于关心职工、表达单位的关怀。实际工作中，有的单位借着生日发放福利的名义滥发各种津贴补贴。

案例一百一十　20××年×月，某事业单位班子成员会议研究决定，从工会经费中以现金形式为职工按月发放伙食补贴款。

案例解析

按照规定，工会经费的集体福利支出，可以用于逢年过节和会员生日、婚丧嫁娶、退休离岗的慰问支出等，但不能随意滥发，否则就成了变相发放各种津贴补贴。实际工作中，有些领导觉得自己没有多拿津贴补贴，主要是为了广大干部职工谋求福利，就不存在问题，这是没有认识到“不按照规定发放津贴补贴就是问题”。因此，广大领导干部要时刻警醒，不能存侥幸心理。

延伸阅读

《基层工会经费收支管理办法》(2017年)

第八条　职工活动支出是指基层工会组织开展职工教育、文体、宣传等活动所发生的支出和工会组织的职工集体福利支出。包括：

(四)职工集体福利支出。用于基层工会逢年过节和会员生日、婚丧嫁娶、退休离岗的慰问支出等。

基层工会逢年过节可以向全体会员发放节日慰问品。逢年过节的年节是指国家规定的法定节日(即：新年、春节、清明节、劳动节、端午节、中秋节和国庆节)和经自治区以上人民政府批准设立的少数民族节日。节日慰问品原则上为符合中国传统节日习惯的用品和职工群众必需的生活用品等，基层工会可结合实际采取便捷灵活的发放方式。

工会会员生日慰问可以发放生日蛋糕等实物慰问品，也可以发放指定蛋糕店的蛋糕券。

工会会员结婚生育时，可以给予一定金额的慰问品。工会会员生病住院、工会会员或其直系亲属去世时，可以给予一定金额的慰问金。

工会会员退休离岗，可以发放一定金额的纪念品。

第二十二条　基层工会应严格执行以下规定：

（二）不准违反工会经费使用规定，滥发奖金、津贴、补贴。

案例一百一十一　某事业单位使用中央财政拨款资金200元购买办公台历。

案例解析

按照规定，严禁使用中央财政资金购买年历等物品。该案例中，财政部预算执行动态监控将其列为违反规定扩大开支范围、提高开支标准的行为，目前该单位已将资金退回国库。实际工作中，有的单位逢年过节使用公款大量购买、印制、邮寄、赠送贺年卡、明信片、年历等物品，印制奢华，浪费严重。为深入落实中央八项规定精神，坚决反对“四风”，中央就严禁公款购买、印制、寄送贺年卡等物品提出了要求。

延伸阅读

《中共中央纪委关于严禁公款购买印制寄送贺年卡等物品的通知》（2013年）

各级党政机关、国有企事业单位和金融机构，严禁用公款购买、印制、邮寄、赠送贺年卡、明信片、年历等物品。涉及外事、港澳台事务、侨务等工作需要不在此限，但也要提倡节俭。要严肃财经纪律，强化审计监督，相关费用不准转嫁摊派，一律不予公款报销。

第七部分　制度建设和内部控制方面

一、购买防疫物资套取财政资金问题

案例一百一十二　20××年3—8月，某事业单位先后分四批次从省外购买防疫口罩（均为一次性医用口罩），均未刷公务卡或对公转账支付，而是由经办人通过微信、支付宝等方式以现金形式支付给同一人，同时伪造编造领取人签字。

案例解析

在实际工作中，有的单位以购买防疫物资名义将资金支付给个人等，有三种情况：一是通过虚构防疫物资虚列支出，直接套现，全部占为已有；二是采购了部分防疫物资，利用职务之便，多开具发票金额，将多开发票的资金占为已有；三是采购了部分防疫物资，通过防疫物资套取现金，设立“小金库”。为避免出现以上违规行为，应加强内部控制制度的贯彻执行、完善物资出入库登记、财务审核把关等方面的管理。

延伸阅读

《行政事业单位内部控制规范（试行）》（2012年）

第十二条　单位内部控制的控制方法一般包括：

（五）财产保护控制。建立资产日常管理制度和定期清查机制，采取资产记录、实物保管、定期盘点、账实核对等措施，确保资产安全完整。

二、不相容岗位未相互分离问题

案例一百一十三　某事业单位出纳员于20×9年1月至20×0年5月挪用公款用于个人赌球，采取网银支付的方式多次向自己个人账户转款。该出纳员自20×9年1月起不再给会计提供银行回单，同时会计在原始单据缺失（或单据不完整）的情况下直接记账。

案例解析

该案例存在以下问题：一是内控管理方面存在不相容岗位未分离，网银U盾（制单盾和复核盾）由出纳员一人管理，出纳员一人可进行付款支付的全部操作，网银支付审核形同虚设；二是会计对单据缺失背后隐含的内控风险意识不强。对制度规范的严格执行是会计人员执行内控管理非常重要的一个方面，按照规定，会计对不完整的票据应退回。该案例的会计不但没有退回不完整票据，还直接记账，执行不规范给了出纳员可乘之机，会计监督失去作用。

延伸阅读

《行政事业单位内部控制规范（试行）》（2012年）

第十二条　单位内部控制的控制方法一般包括：

（一）不相容岗位相互分离。合理设置内部控制关键岗位，明确划分职责权限，实施相应的分离措施，形成相互制约、相互监督的工作机制。

第十五条　单位应当建立健全内部控制关键岗位责任制，明确岗位职责及分工，确保不相容岗位相互分离、相互制约和相互监督。

单位应当实行内部控制关键岗位工作人员的轮岗制度，明确轮岗周期。不具备轮岗条件的单位应当采取专项审计等控制措施。

内部控制关键岗位主要包括预算业务管理、收支业务管理、政府采购业务管理、资产管理、建设项目管理、合同管理以及内部监督等经济活动的关键岗位。

《会计基础工作规范》(2019年)

第十二条　会计工作岗位，可以一人一岗、一人多岗或者一岗多人。但出纳人员不得兼管稽核、会计档案保管和收入、费用、债权债务账目的登记工作。

第七十四条　会计机构、会计人员应当对原始凭证进行审核和监督。

对不真实、不合法的原始凭证，不予受理。对弄虚作假、严重违法的原始凭证，在不予受理的同时，应当予以扣留，并及时向单位领导人报告，请求查明原因，追究当事人的责任。

对记载不准确、不完整的原始凭证，予以退回，要求经办人员更正、补充。

案例一百一十四　某事业单位下属资产运营中心20×1年至20×3年房屋租赁现金收入共计806万元，占收入总额的65%；房屋租赁收入合同签订、开票、收款及租赁管理都在同一科室，且租赁合同未提供给会计人员，现金收入年底统一送交财务，由财务人员存入银行。

案例解析

该案例存在以下问题：一是房屋租赁收入的合同签订、开票、收款和租赁管理都在同一科室，缺乏相互牵制、相互制约和监督的内部控制制度；二是租赁合同未提供给财务，缺乏财务监督；三是该单位未严格执行现金管理的有关规定，现金业务收入长期由业务人员自行保管，脱离监控，存在资金风险。

延伸阅读

《现金管理暂行条例》(2011年)

第十一条　开户单位现金收支应当依照下列规定办理：

(一)开户单位现金收入应当于当日送存开户银行。当日送存确有困难的，由开户银行确定送存时间；

(二)开户单位支付现金，可以从本单位库存现金限额中支付或者从开户银行提取，不得从本单位的现金收入中直接支付(即坐支)。因特殊情况需要坐支现金的，应当事先报经开户银行审查批准，由开户银行核定坐支范围和限额。坐支单位应当定期向开户银行报送坐支金额和使用情况。

案例一百一十五　20×2年5月至20×4年9月，某事业单位财务结算中心主任助理吴某利用职务之便，两年时间就贪污800余万元用于赌博和生活挥霍。在此期间，吴某曾担任中心主任助理、会计等职务，并负责业务结算复核、结算凭证的录入、计息及资金成本的核算等工作。吴某利用职务之便，先后作案49次，将800余万元据为己有。

案例解析

首先，该案例存在单位印章和凭证管理不严的问题。单位财务章和其他财务人员的人名章均放在桌子上，凭证存放在没有锁的抽屉里，吴某偷来收款凭证，盖上单位财务章和其他财务人员的人名章，伪造收款凭证，取得下属企业收款的合法手续。其次，虽有岗位分工，却执行不力。吴某利用自己在单位和下属企业人头熟的条件，在取得收款凭证后，自己到下属企业收款。第三，银行对账不规范。单位与下属企业每月对账只看总额是否正确，没有核对明细账。

延伸阅读

《行政事业单位内部控制规范(试行)》(2012 年)

第十二条　单位内部控制的控制方法一般包括：

(二)内部授权审批控制。明确各岗位办理业务和事项的权限范围、审批程序和相关责任，建立重大事项集体决策和会签制度。相关工作人员应当在授权范围内行使职权、办理业务。

(六)会计控制。建立健全本单位财会管理制度，加强会计机构建设，提高会计人员业务水平，强化会计人员岗位责任制，规范会计基础工作，加强会计档案管理，明确会计凭证、会计账簿和财务会计报告处理程序。

案例一百一十六　20××年，审计人员对某事业单位所属公司进行审计时发现，该公司未经审批或无审批手续，多发放 1 人工资；同时多笔资金支付业务中的审批金额、付款金额和原始单据不一致。审计人员进一步检查发现，该单位网银 U 盾支付(制单人)、审核(最终授权人)未分离，均由同一人负责。

案例解析

按照规定，发放工资需经单位人事部门审批，而案例中该公司未经审批，多发放 1 人工资可能有几种情况：一是出纳员误操作，多支付一笔资金；二是由于该公司网银 U 盾没有按照规定分别由不同人员保管，造成资金支付缺少相互制约、相互监督的工作机制，关键岗位未实施相应的分离措施，可能存在虚假经济业务、出纳员造假、违规进行支付，资金被套取、挪用的情况。

案例一百一十七　某事业单位支付用途为电费的费用3888元至某职工个人储蓄卡账户。经核实，该单位现址使用的县城内村变压器，每月电费由村电工收缴。由于村电工年龄大，不使用银行卡，只收现金，因此，每月电费转到单位出纳员卡中，由其取出现金后再交给村电工。

案例解析

按照规定，出纳员和报销人为同一人，属于不相容岗位未做到分离的情况，内部控制的关键风险点未得到有效控制，有可能存在出纳员将报销费用据为己有，或者挪作他用（用于赚取利息等），待过段时间后再交给实际报销人的情况。

延伸阅读

《行政事业单位内部控制规范（试行）》（2012年）

第二十九条　单位应当建立健全支出内部管理制度，确定单位经济活动的各项支出标准，明确支出报销流程，按照规定办理支出事项。单位应当合理设置岗位，明确相关岗位的职责权限，确保支出申请和内部审批、付款审批和付款执行、业务经办和会计核算等不相容岗位相互分离。

案例一百一十八　某事业单位出纳员既负责收付款又负责领取银行对账单、编制余额调节表，在20×2—20×8年长达6年的时间里，通过伪造银行对账单、编制虚假的银行余额调节表骗取资金570万元用于私人炒股。

案例解析

按照规定,出纳人员不得兼管稽核、会计档案保管和收入、费用、债权债务账目的登记工作。该案例中,出纳员领取银行对账单,同时还编制余额调节表,内部控制关键岗位中的资金保管与监督混为一体,职责权限划分不清,未能实施不相容岗位相互分离措施,资金支出缺少相互制约、相互监督的工作机制,导致出纳员骗取资金的情况发生。

案例一百一十九 某事业单位借款业务比较多且结算频繁,经常为找一张借款单据查找半天账务。为简化流程,提高结算效率,决定由出纳员保管借款凭据,等结算后再交给会计做账,月末未结算的单据作为未达账项,出纳员核对确认后返给会计。结果出纳员利用保管大量借款凭据的机会,把自己挪用的资金也作为借款记入未达账项。

案例解析

按照规定,出纳人员不得兼管稽核、会计档案保管和收入、费用、债权债务账目的登记工作。该案例中,出纳员保管借款凭据,会计根据出纳员手中未结算的单据作为未达账项,借款的执行与核对工作由出纳一个人完成,相当于出纳员在债权债务的工作中承担了较为重要的角色,不相容职务没有做到相互分离,会计职责未履行到位,给出纳员以可乘之机。

三、制度建设不健全问题

案例一百二十 审计人员对某事业单位进行审计时发现,

20×6—20×7年，该单位报销的汽油费发票抬头全部为个人。20×7年3月报销2月1日（春节期间）燃油费200元、2月2日（春节期间）燃油费465元。车辆年行驶1308万公里，加油费共计22.90万元。进一步检查发现，该单位内控不严、制度不健全，例如：无车辆使用管理办法，车辆未办理加油卡，未实行一车一卡、定点加油制度；油耗偏高，当年油价每升约6.90元，综合油耗每百公里约25.37升；加油较为随意，同一辆车昨天加过，今天又加，或者这次加92号汽油，下次加95号汽油。

案例解析

该案例存在单位报销的汽油费发票抬头为个人的问题。在日常工作中，以个人抬头开具的发票难以区分公私费用，存在私车公养的嫌疑。此外，该单位车辆使用管理办法缺失、制度不健全，且没有按照规定办理加油卡和实行一车一卡制度，管理混乱，油耗偏高，加油较为随意，易产生公车私用或私车公养的问题。

延伸阅读

《行政事业单位内部控制规范（试行）》（2012年）

第二十九条　单位应当建立健全支出内部管理制度，确定单位经济活动的各项支出标准，明确支出报销流程，按照规定办理支出事项。单位应当合理设置岗位，明确相关岗位的职责权限，确保支出申请和内部审批、付款审批和付款执行、业务经办和会计核算等不相容岗位相互分离。

四、大额支出审批不规范问题

案例一百二十一 审计抽查发现，某事业单位下属企业收入来自于本系统部门的收入占比80.45%。其中，20×5年，承揽会议室装修设计工程，收取装修设计费111.21万元，转包给其他公司设计，委托设计费支出36.03万元；20×6年，承揽某宣传片制作，收费70万元，转包费17.45万元。赚取的转包利润为成本的3～4倍，付费方均为本系统部门内部单位。审计人员查阅原始凭证和会议记录发现，大额维修改造、大额资金使用等事项未经集体研究决策，或者虽有集体决策，但决策记录不规范，缺少研究过程等关键要素。

案例解析

该案例存在以下问题：一是下属企业收入来自于本系统部门的收入占比80.45%，赚取的转包利润为成本的3～4倍，付费的均为本系统部门内部单位，存在利益输送的风险；二是重大支出没有经过集体决议，存在"三重一大"事项决策不规范，容易产生决策失误造成单位损失。

案例一百二十二 审计人员对某事业单位进行审计时发现，大额资金支出305.06万元，无集体会议研究记录。例如，20××年分别支付某公司维修改造二期工程款218.79万元、33.25万元，均未见单位领导班子集体会议研究记录。

案例解析

根据规定，重大经济事项的内部决策，应当由单位领导班子集体研究决定。案例中该单位领导班子集体会议研究没有会议记录，说明内控制度执行不到位，未按规定权限进行会议研究、决策，可能存在重大经济事项未经过充分集体研究，而是由一人拍板决定，从而导致资金风险甚至决策失误的情况。

延伸阅读

《行政事业单位内部控制规范(试行)》(2012 年)

第十二条　单位内部控制的控制方法一般包括：

(二)内部授权审批控制。明确各岗位办理业务和事项的权限范围、审批程序和相关责任，建立重大事项集体决策和会签制度。相关工作人员应当在授权范围内行使职权、办理业务。

第十四条　单位经济活动的决策、执行和监督应当相互分离。单位应当建立健全集体研究、专家论证和技术咨询相结合的议事决策机制。重大经济事项的内部决策，应当由单位领导班子集体研究决定。重大经济事项的认定标准应当根据有关规定和本单位实际情况确定，一经确定，不得随意变更。

五、财务审核把关不严问题

案例一百二十三　某事业单位 20××年支付报销某职工差旅费，差旅费报销金额为 70 元，为该职工的出差补助，出纳付款录入时转款支付给该职工 123456 元。复核人员未发现其错误。

案例解析

资金支付审核把关不严导致多付、错付款项。由于出纳员支付的资金复核人员未能审核发现，导致资金本应支付 70 元，而实际多支付123386元给报销人。会计复核把关不到位，内部控制的二次复核形同虚设，给资金支付带来极大安全风险隐患。在处理财务审核时，要重视资金审核的重要性，确保资金支付的准确性。

延伸阅读

《会计基础工作规范》(2019年)

第八十六条　各单位应当建立会计人员岗位责任制度。主要内容包括：会计人员的工作岗位设置；各会计工作岗位的职责和标准；各会计工作岗位的人员和具体分工；会计工作岗位轮换办法；对各会计工作岗位的考核办法。

下　编

财务相关法律、法规、制度和规范

一、国家有关法律、法规

中华人民共和国预算法

（中华人民共和国主席令第21号）(2018年12月29日)

第一章 总 则

第一条 为了规范政府收支行为，强化预算约束，加强对预算的管理和监督，建立健全全面规范、公开透明的预算制度，保障经济社会的健康发展，根据宪法，制定本法。

第二条 预算、决算的编制、审查、批准、监督，以及预算的执行和调整，依照本法规定执行。

第三条 国家实行一级政府一级预算，设立中央，省、自治区、直辖市，设区的市、自治州，县、自治县、不设区的市、市辖区，乡、民族乡、镇五级预算。

全国预算由中央预算和地方预算组成。地方预算由各省、自治区、直辖市总预算组成。

地方各级总预算由本级预算和汇总的下一级总预算组成；下一级只有本级预算的，下一级总预算即指下一级的本级预算。没有下一级预算的，总预算即指本级预算。

第四条 预算由预算收入和预算支出组成。

政府的全部收入和支出都应当纳入预算。

第五条 预算包括一般公共预算、政府性基金预算、国有资本经营预算、社会保险基金预算。

一般公共预算、政府性基金预算、国有资本经营预算、社会保险基金预算应当保持完整、独立。政府性基金预算、国有资本经营预算、社会保险基金预算应当与一般公共预算相衔接。

第六条　一般公共预算是对以税收为主体的财政收入，安排用于保障和改善民生、推动经济社会发展、维护国家安全、维持国家机构正常运转等方面的收支预算。

中央一般公共预算包括中央各部门（含直属单位，下同）的预算和中央对地方的税收返还、转移支付预算。

中央一般公共预算收入包括中央本级收入和地方向中央的上解收入。中央一般公共预算支出包括中央本级支出、中央对地方的税收返还和转移支付。

第七条　地方各级一般公共预算包括本级各部门（含直属单位，下同）的预算和税收返还、转移支付预算。

地方各级一般公共预算收入包括地方本级收入、上级政府对本级政府的税收返还和转移支付、下级政府的上解收入。地方各级一般公共预算支出包括地方本级支出、对上级政府的上解支出、对下级政府的税收返还和转移支付。

第八条　各部门预算由本部门及其所属各单位预算组成。

第九条　政府性基金预算是对依照法律、行政法规的规定在一定期限内向特定对象征收、收取或者以其他方式筹集的资金，专项用于特定公共事业发展的收支预算。

政府性基金预算应当根据基金项目收入情况和实际支出需要，按基金项目编制，做到以收定支。

第十条　国有资本经营预算是对国有资本收益作出支出安排的收支预算。

国有资本经营预算应当按照收支平衡的原则编制，不列赤字，并安排资金调入一般公共预算。

第十一条　社会保险基金预算是对社会保险缴款、一般公共预算安排和其他方式筹集的资金，专项用于社会保险的收支预算。

社会保险基金预算应当按照统筹层次和社会保险项目分别编

制，做到收支平衡。

第十二条　各级预算应当遵循统筹兼顾、勤俭节约、量力而行、讲求绩效和收支平衡的原则。

各级政府应当建立跨年度预算平衡机制。

第十三条　经人民代表大会批准的预算，非经法定程序，不得调整。各级政府、各部门、各单位的支出必须以经批准的预算为依据，未列入预算的不得支出。

第十四条　经本级人民代表大会或者本级人民代表大会常务委员会批准的预算、预算调整、决算、预算执行情况的报告及报表，应当在批准后二十日内由本级政府财政部门向社会公开，并对本级政府财政转移支付安排、执行的情况以及举借债务的情况等重要事项作出说明。

经本级政府财政部门批复的部门预算、决算及报表，应当在批复后二十日内由各部门向社会公开，并对部门预算、决算中机关运行经费的安排、使用情况等重要事项作出说明。

各级政府、各部门、各单位应当将政府采购的情况及时向社会公开。

本条前三款规定的公开事项，涉及国家秘密的除外。

第十五条　国家实行中央和地方分税制。

第十六条　国家实行财政转移支付制度。财政转移支付应当规范、公平、公开，以推进地区间基本公共服务均等化为主要目标。

财政转移支付包括中央对地方的转移支付和地方上级政府对下级政府的转移支付，以为均衡地区间基本财力、由下级政府统筹安排使用的一般性转移支付为主体。

按照法律、行政法规和国务院的规定可以设立专项转移支付，用于办理特定事项。建立健全专项转移支付定期评估和退出机制。市场竞争机制能够有效调节的事项不得设立专项转移支付。

上级政府在安排专项转移支付时，不得要求下级政府承担配套资金。但是,按照国务院的规定应当由上下级政府共同承担的事项除外。

第十七条 各级预算的编制、执行应当建立健全相互制约、相互协调的机制。

第十八条 预算年度自公历一月一日起,至十二月三十一日止。

第十九条 预算收入和预算支出以人民币元为计算单位。

第二章 预算管理职权

第二十条 全国人民代表大会审查中央和地方预算草案及中央和地方预算执行情况的报告;批准中央预算和中央预算执行情况的报告;改变或者撤销全国人民代表大会常务委员会关于预算、决算的不适当的决议。

全国人民代表大会常务委员会监督中央和地方预算的执行;审查和批准中央预算的调整方案;审查和批准中央决算;撤销国务院制定的同宪法、法律相抵触的关于预算、决算的行政法规、决定和命令;撤销省、自治区、直辖市人民代表大会及其常务委员会制定的同宪法、法律和行政法规相抵触的关于预算、决算的地方性法规和决议。

第二十一条 县级以上地方各级人民代表大会审查本级总预算草案及本级总预算执行情况的报告;批准本级预算和本级预算执行情况的报告;改变或者撤销本级人民代表大会常务委员会关于预算、决算的不适当的决议;撤销本级政府关于预算、决算的不适当的决定和命令。

县级以上地方各级人民代表大会常务委员会监督本级总预算的执行;审查和批准本级预算的调整方案;审查和批准本级决算;撤销本级政府和下一级人民代表大会及其常务委员会关于预算、决算的不适当的决定、命令和决议。

乡、民族乡、镇的人民代表大会审查和批准本级预算和本级预算执行情况的报告;监督本级预算的执行;审查和批准本级预算的调整方案;审查和批准本级决算;撤销本级政府关于预算、决算的不适当的决定和命令。

第二十二条 全国人民代表大会财政经济委员会对中央预算草案初步方案及上一年预算执行情况、中央预算调整初步方案和中央决算草案进行初步审查,提出初步审查意见。

省、自治区、直辖市人民代表大会有关专门委员会对本级预算草案初步方案及上一年预算执行情况、本级预算调整初步方案和本级决算草案进行初步审查,提出初步审查意见。

设区的市、自治州人民代表大会有关专门委员会对本级预算草案初步方案及上一年预算执行情况、本级预算调整初步方案和本级决算草案进行初步审查,提出初步审查意见,未设立专门委员会的,由本级人民代表大会常务委员会有关工作机构研究提出意见。

县、自治县、不设区的市、市辖区人民代表大会常务委员会对本级预算草案初步方案及上一年预算执行情况进行初步审查,提出初步审查意见。县、自治县、不设区的市、市辖区人民代表大会常务委员会有关工作机构对本级预算调整初步方案和本级决算草案研究提出意见。

设区的市、自治州以上各级人民代表大会有关专门委员会进行初步审查、常务委员会有关工作机构研究提出意见时,应当邀请本级人民代表大会代表参加。

对依照本条第一款至第四款规定提出的意见,本级政府财政部门应当将处理情况及时反馈。

依照本条第一款至第四款规定提出的意见以及本级政府财政部门反馈的处理情况报告,应当印发本级人民代表大会代表。

全国人民代表大会常务委员会和省、自治区、直辖市、设区的市、自治州人民代表大会常务委员会有关工作机构,依照本级人民代表大会常务委员会的决定,协助本级人民代表大会财政经济委员会或者有关专门委员会承担审查预算草案、预算调整方案、决算草案和监督预算执行等方面的具体工作。

第二十三条 国务院编制中央预算、决算草案；向全国人民代表大会作关于中央和地方预算草案的报告；将省、自治区、直辖市政府报送备案的预算汇总后报全国人民代表大会常务委员会备案；组织中央和地方预算的执行；决定中央预算预备费的动用；编制中央预算调整方案；监督中央各部门和地方政府的预算执行；改变或者撤销中央各部门和地方政府关于预算、决算的不适当的决定、命令；向全国人民代表大会、全国人民代表大会常务委员会报告中央和地方预算的执行情况。

第二十四条 县级以上地方各级政府编制本级预算、决算草案；向本级人民代表大会作关于本级总预算草案的报告；将下一级政府报送备案的预算汇总后报本级人民代表大会常务委员会备案；组织本级总预算的执行；决定本级预算预备费的动用；编制本级预算的调整方案；监督本级各部门和下级政府的预算执行；改变或者撤销本级各部门和下级政府关于预算、决算的不适当的决定、命令；向本级人民代表大会、本级人民代表大会常务委员会报告本级总预算的执行情况。

乡、民族乡、镇政府编制本级预算、决算草案；向本级人民代表大会作关于本级预算草案的报告；组织本级预算的执行；决定本级预算预备费的动用；编制本级预算的调整方案；向本级人民代表大会报告本级预算的执行情况。

经省、自治区、直辖市政府批准，乡、民族乡、镇本级预算草案、预算调整方案、决算草案，可以由上一级政府代编，并依照本法第二十一条的规定报乡、民族乡、镇的人民代表大会审查和批准。

第二十五条 国务院财政部门具体编制中央预算、决算草案；具体组织中央和地方预算的执行；提出中央预算预备费动用方案；具体编制中央预算的调整方案；定期向国务院报告中央和地方预算的执行情况。

地方各级政府财政部门具体编制本级预算、决算草案；具体组织本级总预算的执行;提出本级预算预备费动用方案;具体编制本级预算的调整方案;定期向本级政府和上一级政府财政部门报告本级总预算的执行情况。

第二十六条 各部门编制本部门预算、决算草案;组织和监督本部门预算的执行;定期向本级政府财政部门报告预算的执行情况。

各单位编制本单位预算、决算草案;按照国家规定上缴预算收入,安排预算支出,并接受国家有关部门的监督。

第三章 预算收支范围

第二十七条 一般公共预算收入包括各项税收收入、行政事业性收费收入、国有资源(资产)有偿使用收入、转移性收入和其他收入。

一般公共预算支出按照其功能分类,包括一般公共服务支出,外交、公共安全、国防支出,农业、环境保护支出,教育、科技、文化、卫生、体育支出,社会保障及就业支出和其他支出。

一般公共预算支出按照其经济性质分类,包括工资福利支出、商品和服务支出、资本性支出和其他支出。

第二十八条 政府性基金预算、国有资本经营预算和社会保险基金预算的收支范围,按照法律、行政法规和国务院的规定执行。

第二十九条 中央预算与地方预算有关收入和支出项目的划分、地方向中央上解收入、中央对地方税收返还或者转移支付的具体办法,由国务院规定,报全国人民代表大会常务委员会备案。

第三十条 上级政府不得在预算之外调用下级政府预算的资金。下级政府不得挤占或者截留属于上级政府预算的资金。

第四章 预算编制

第三十一条 国务院应当及时下达关于编制下一年预算草案的通知。编制预算草案的具体事项由国务院财政部门部署。

各级政府、各部门、各单位应当按照国务院规定的时间编制预算草案。

第三十二条 各级预算应当根据年度经济社会发展目标、国家宏观调控总体要求和跨年度预算平衡的需要，参考上一年预算执行情况、有关支出绩效评价结果和本年度收支预测，按照规定程序征求各方面意见后，进行编制。

各级政府依据法定权限作出决定或者制定行政措施，凡涉及增加或者减少财政收入或者支出的，应当在预算批准前提出并在预算草案中作出相应安排。

各部门、各单位应当按照国务院财政部门制定的政府收支分类科目、预算支出标准和要求，以及绩效目标管理等预算编制规定，根据其依法履行职能和事业发展的需要以及存量资产情况，编制本部门、本单位预算草案。

前款所称政府收支分类科目，收入分为类、款、项、目；支出按其功能分类分为类、款、项，按其经济性质分类分为类、款。

第三十三条 省、自治区、直辖市政府应当按照国务院规定的时间，将本级总预算草案报国务院审核汇总。

第三十四条 中央一般公共预算中必需的部分资金，可以通过举借国内和国外债务等方式筹措，举借债务应当控制适当的规模，保持合理的结构。

对中央一般公共预算中举借的债务实行余额管理，余额的规模不得超过全国人民代表大会批准的限额。

国务院财政部门具体负责对中央政府债务的统一管理。

第三十五条 地方各级预算按照量入为出、收支平衡的原则编制，除本法另有规定外，不列赤字。

经国务院批准的省、自治区、直辖市的预算中必需的建设投资的部分资金，可以在国务院确定的限额内，通过发行地方政府债券举借债务的方式筹措。举借债务的规模，由国务院报全国人民代表大会或者全国人民代表大会常务委员会批准。省、自治区、直辖市依照国务院下达的限额举借的债务，列入本级预算调整方案，报本级人民代表大会常务委员会批准。举借的债务应当有偿还计划和稳定的偿还资金来源，只能用于公益性资本支出，不得用于经常性支出。

除前款规定外，地方政府及其所属部门不得以任何方式举借债务。

除法律另有规定外，地方政府及其所属部门不得为任何单位和个人的债务以任何方式提供担保。

国务院建立地方政府债务风险评估和预警机制、应急处置机制以及责任追究制度。国务院财政部门对地方政府债务实施监督。

第三十六条　各级预算收入的编制，应当与经济社会发展水平相适应，与财政政策相衔接。

各级政府、各部门、各单位应当依照本法规定，将所有政府收入全部列入预算，不得隐瞒、少列。

第三十七条　各级预算支出应当依照本法规定，按其功能和经济性质分类编制。

各级预算支出的编制，应当贯彻勤俭节约的原则，严格控制各部门、各单位的机关运行经费和楼堂馆所等基本建设支出。

各级一般公共预算支出的编制，应当统筹兼顾，在保证基本公共服务合理需要的前提下，优先安排国家确定的重点支出。

第三十八条　一般性转移支付应当按照国务院规定的基本标准和计算方法编制。专项转移支付应当分地区、分项目编制。

县级以上各级政府应当将对下级政府的转移支付预计数提前下达下级政府。

地方各级政府应当将上级政府提前下达的转移支付预计数编入本级预算。

第三十九条　中央预算和有关地方预算中应当安排必要的资金，用于扶助革命老区、民族地区、边疆地区、贫困地区发展经济社会建设事业。

第四十条 各级一般公共预算应当按照本级一般公共预算支出额的百分之一至百分之三设置预备费，用于当年预算执行中的自然灾害等突发事件处理增加的支出及其他难以预见的开支。

第四十一条 各级一般公共预算按照国务院的规定可以设置预算周转金，用于本级政府调剂预算年度内季节性收支差额。

各级一般公共预算按照国务院的规定可以设置预算稳定调节基金，用于弥补以后年度预算资金的不足。

第四十二条 各级政府上一年预算的结转资金，应当在下一年用于结转项目的支出；连续两年未用完的结转资金，应当作为结余资金管理。

各部门、各单位上一年预算的结转、结余资金按照国务院财政部门的规定办理。

第五章 预算审查和批准

第四十三条 中央预算由全国人民代表大会审查和批准。

地方各级预算由本级人民代表大会审查和批准。

第四十四条 国务院财政部门应当在每年全国人民代表大会会议举行的四十五日前，将中央预算草案的初步方案提交全国人民代表大会财政经济委员会进行初步审查。

省、自治区、直辖市政府财政部门应当在本级人民代表大会会议举行的三十日前，将本级预算草案的初步方案提交本级人民代表大会有关专门委员会进行初步审查。

设区的市、自治州政府财政部门应当在本级人民代表大会会议举行的三十日前，将本级预算草案的初步方案提交本级人民代表大会有关专门委员会进行初步审查，或者送交本级人民代表大会常务委员会有关工作机构征求意见。

县、自治县、不设区的市、市辖区政府应当在本级人民代表大会会议举行的三十日前，将本级预算草案的初步方案提交本级人民代表大会常务委员会进行初步审查。

第四十五条　县、自治县、不设区的市、市辖区、乡、民族乡、镇的人民代表大会举行会议审查预算草案前，应当采用多种形式，组织本级人民代表大会代表，听取选民和社会各界的意见。

第四十六条　报送各级人民代表大会审查和批准的预算草案应当细化。本级一般公共预算支出，按其功能分类应当编列到项；按其经济性质分类，基本支出应当编列到款。本级政府性基金预算、国有资本经营预算、社会保险基金预算支出，按其功能分类应当编列到项。

第四十七条　国务院在全国人民代表大会举行会议时，向大会作关于中央和地方预算草案以及中央和地方预算执行情况的报告。

地方各级政府在本级人民代表大会举行会议时，向大会作关于总预算草案和总预算执行情况的报告。

第四十八条　全国人民代表大会和地方各级人民代表大会对预算草案及其报告、预算执行情况的报告重点审查下列内容：

（一）上一年预算执行情况是否符合本级人民代表大会预算决议的要求；

（二）预算安排是否符合本法的规定；

（三）预算安排是否贯彻国民经济和社会发展的方针政策，收支政策是否切实可行；

（四）重点支出和重大投资项目的预算安排是否适当；

（五）预算的编制是否完整，是否符合本法第四十六条的规定；

（六）对下级政府的转移性支出预算是否规范、适当；

（七）预算安排举借的债务是否合法、合理，是否有偿还计划和稳定的偿还资金来源；

（八）与预算有关重要事项的说明是否清晰。

第四十九条　全国人民代表大会财政经济委员会向全国人民代表大会主席团提出关于中央和地方预算草案及中央和地方预算执行情况的审查结果报告。

省、自治区、直辖市、设区的市、自治州人民代表大会有关专门委员会，县、自治县、不设区的市、市辖区人民代表大会常务委员会，向本级人民代表大会主席团提出关于总预算草案及上一年总预算执行情况的审查结果报告。

审查结果报告应当包括下列内容：

（一）对上一年预算执行和落实本级人民代表大会预算决议的情况作出评价；

（二）对本年度预算草案是否符合本法的规定，是否可行作出评价；

（三）对本级人民代表大会批准预算草案和预算报告提出建议；

（四）对执行年度预算、改进预算管理、提高预算绩效、加强预算监督等提出意见和建议。

第五十条　乡、民族乡、镇政府应当及时将经本级人民代表大会批准的本级预算报上一级政府备案。县级以上地方各级政府应当及时将经本级人民代表大会批准的本级预算及下一级政府报送备案的预算汇总，报上一级政府备案。

县级以上地方各级政府将下一级政府依照前款规定报送备案的预算汇总后，报本级人民代表大会常务委员会备案。国务院将省、自治区、直辖市政府依照前款规定报送备案的预算汇总后，报全国人民代表大会常务委员会备案。

第五十一条　国务院和县级以上地方各级政府对下一级政府依照本法第五十条规定报送备案的预算，认为有同法律、行政法规相抵触或者有其他不适当之处，需要撤销批准预算的决议的，应当提请本级人民代表大会常务委员会审议决定。

第五十二条　各级预算经本级人民代表大会批准后，本级政府财政部门应当在二十日内向本级各部门批复预算。各部门应当在接到本级政府财政部门批复的本部门预算后十五日内向所属各单位批复预算。

中央对地方的一般性转移支付应当在全国人民代表大会批准预算后三十日内正式下达。中央对地方的专项转移支付应当在全国人民代表大会批准预算后九十日内正式下达。

省、自治区、直辖市政府接到中央一般性转移支付和专项转移支付后，应当在三十日内正式下达到本行政区域县级以上各级政府。

县级以上地方各级预算安排对下级政府的一般性转移支付和专项转移支付，应当分别在本级人民代表大会批准预算后的三十日和六十日内正式下达。

对自然灾害等突发事件处理的转移支付，应当及时下达预算；对据实结算等特殊项目的转移支付，可以分期下达预算，或者先预付后结算。

县级以上各级政府财政部门应当将批复本级各部门的预算和批复下级政府的转移支付预算，抄送本级人民代表大会财政经济委员会、有关专门委员会和常务委员会有关工作机构。

第六章　预算执行

第五十三条　各级预算由本级政府组织执行，具体工作由本级政府财政部门负责。

各部门、各单位是本部门、本单位的预算执行主体，负责本部门、本单位的预算执行，并对执行结果负责。

第五十四条　预算年度开始后，各级预算草案在本级人民代表大会批准前，可以安排下列支出：

（一）上一年度结转的支出；

（二）参照上一年同期的预算支出数额安排必须支付的本年度部门基本支出、项目支出，以及对下级政府的转移性支出；

（三）法律规定必须履行支付义务的支出，以及用于自然灾害等突发事件处理的支出。

根据前款规定安排支出的情况，应当在预算草案的报告中作出说明。

预算经本级人民代表大会批准后，按照批准的预算执行。

第五十五条 预算收入征收部门和单位，必须依照法律、行政法规的规定，及时、足额征收应征的预算收入。不得违反法律、行政法规规定，多征、提前征收或者减征、免征、缓征应征的预算收入，不得截留、占用或者挪用预算收入。

各级政府不得向预算收入征收部门和单位下达收入指标。

第五十六条 政府的全部收入应当上缴国家金库（以下简称国库），任何部门、单位和个人不得截留、占用、挪用或者拖欠。

对于法律有明确规定或者经国务院批准的特定专用资金，可以依照国务院的规定设立财政专户。

第五十七条 各级政府财政部门必须依照法律、行政法规和国务院财政部门的规定，及时、足额地拨付预算支出资金，加强对预算支出的管理和监督。

各级政府、各部门、各单位的支出必须按照预算执行，不得虚假列支。

各级政府、各部门、各单位应当对预算支出情况开展绩效评价。

第五十八条 各级预算的收入和支出实行收付实现制。

特定事项按照国务院的规定实行权责发生制的有关情况，应当向本级人民代表大会常务委员会报告。

第五十九条 县级以上各级预算必须设立国库；具备条件的乡、民族乡、镇也应当设立国库。

中央国库业务由中国人民银行经理，地方国库业务依照国务院的有关规定办理。

各级国库应当按照国家有关规定，及时准确地办理预算收入的收纳、划分、留解、退付和预算支出的拨付。

各级国库库款的支配权属于本级政府财政部门。除法律、行政法规另有规定外，未经本级政府财政部门同意，任何部门、单位和个人都无权冻结、动用国库库款或者以其他方式支配已入国库的库款。

各级政府应当加强对本级国库的管理和监督，按照国务院的规定完善国库现金管理，合理调节国库资金余额。

第六十条　已经缴入国库的资金，依照法律、行政法规的规定或者国务院的决定需要退付的，各级政府财政部门或者其授权的机构应当及时办理退付。按照规定应当由财政支出安排的事项，不得用退库处理。

第六十一条　国家实行国库集中收缴和集中支付制度，对政府全部收入和支出实行国库集中收付管理。

第六十二条　各级政府应当加强对预算执行的领导，支持政府财政、税务、海关等预算收入的征收部门依法组织预算收入，支持政府财政部门严格管理预算支出。

财政、税务、海关等部门在预算执行中，应当加强对预算执行的分析；发现问题时应当及时建议本级政府采取措施予以解决。

第六十三条　各部门、各单位应当加强对预算收入和支出的管理，不得截留或者动用应当上缴的预算收入，不得擅自改变预算支出的用途。

第六十四条　各级预算预备费的动用方案，由本级政府财政部门提出，报本级政府决定。

第六十五条　各级预算周转金由本级政府财政部门管理，不得挪作他用。

第六十六条　各级一般公共预算年度执行中有超收收入的，只能用于冲减赤字或者补充预算稳定调节基金。

各级一般公共预算的结余资金，应当补充预算稳定调节基金。

省、自治区、直辖市一般公共预算年度执行中出现短收，通过调入预算稳定调节基金、减少支出等方式仍不能实现收支平衡的，省、自治区、直辖市政府报本级人民代表大会或者其常务委员会批准，可以增列赤字，报国务院财政部门备案，并应当在下一年度预算中予以弥补。

第七章 预算调整

第六十七条 经全国人民代表大会批准的中央预算和经地方各级人民代表大会批准的地方各级预算，在执行中出现下列情况之一的，应当进行预算调整：

（一）需要增加或者减少预算总支出的；

（二）需要调入预算稳定调节基金的；

（三）需要调减预算安排的重点支出数额的；

（四）需要增加举借债务数额的。

第六十八条 在预算执行中，各级政府一般不制定新的增加财政收入或者支出的政策和措施，也不制定减少财政收入的政策和措施；必须作出并需要进行预算调整的，应当在预算调整方案中作出安排。

第六十九条 在预算执行中，各级政府对于必须进行的预算调整，应当编制预算调整方案。预算调整方案应当说明预算调整的理由、项目和数额。

在预算执行中，由于发生自然灾害等突发事件，必须及时增加预算支出的，应当先动支预备费；预备费不足支出的，各级政府可以先安排支出，属于预算调整的，列入预算调整方案。

国务院财政部门应当在全国人民代表大会常务委员会举行会议审查和批准预算调整方案的三十日前，将预算调整初步方案送交全国人民代表大会财政经济委员会进行初步审查。

省、自治区、直辖市政府财政部门应当在本级人民代表大会常务委员会举行会议审查和批准预算调整方案的三十日前，将预算调整初步方案送交本级人民代表大会有关专门委员会进行初步审查。

设区的市、自治州政府财政部门应当在本级人民代表大会常务委员会举行会议审查和批准预算调整方案的三十日前，将预算调整初步方案送交本级人民代表大会有关专门委员会进行初步审查，或者送交本级人民代表大会常务委员会有关工作机构征求意见。

县、自治县、不设区的市、市辖区政府财政部门应当在本级人民代表大会常务委员会举行会议审查和批准预算调整方案的三十日前，将预算调整初步方案送交本级人民代表大会常务委员会有关工作机构征求意见。

中央预算的调整方案应当提请全国人民代表大会常务委员会审查和批准。县级以上地方各级预算的调整方案应当提请本级人民代表大会常务委员会审查和批准；乡、民族乡、镇预算的调整方案应当提请本级人民代表大会审查和批准。未经批准，不得调整预算。

第七十条　经批准的预算调整方案，各级政府应当严格执行。未经本法第六十九条规定的程序，各级政府不得作出预算调整的决定。

对违反前款规定作出的决定，本级人民代表大会、本级人民代表大会常务委员会或者上级政府应当责令其改变或者撤销。

第七十一条　在预算执行中，地方各级政府因上级政府增加不需要本级政府提供配套资金的专项转移支付而引起的预算支出变化，不属于预算调整。

接受增加专项转移支付的县级以上地方各级政府应当向本级人民代表大会常务委员会报告有关情况；接受增加专项转移支付的乡、民族乡、镇政府应当向本级人民代表大会报告有关情况。

第七十二条　各部门、各单位的预算支出应当按照预算科目执行。严格控制不同预算科目、预算级次或者项目间的预算资金的调剂，确需调剂使用的，按照国务院财政部门的规定办理。

第七十三条　地方各级预算的调整方案经批准后，由本级政府报上一级政府备案。

第八章　决　　算

第七十四条　决算草案由各级政府、各部门、各单位，在每一预算年度终了后按照国务院规定的时间编制。

编制决算草案的具体事项，由国务院财政部门部署。

第七十五条 编制决算草案，必须符合法律、行政法规，做到收支真实、数额准确、内容完整、报送及时。

决算草案应当与预算相对应，按预算数、调整预算数、决算数分别列出。一般公共预算支出应当按其功能分类编列到项，按其经济性质分类编列到款。

第七十六条 各部门对所属各单位的决算草案，应当审核并汇总编制本部门的决算草案，在规定的期限内报本级政府财政部门审核。

各级政府财政部门对本级各部门决算草案审核后发现有不符合法律、行政法规规定的，有权予以纠正。

第七十七条 国务院财政部门编制中央决算草案，经国务院审计部门审计后，报国务院审定，由国务院提请全国人民代表大会常务委员会审查和批准。

县级以上地方各级政府财政部门编制本级决算草案，经本级政府审计部门审计后，报本级政府审定，由本级政府提请本级人民代表大会常务委员会审查和批准。

乡、民族乡、镇政府编制本级决算草案，提请本级人民代表大会审查和批准。

第七十八条 国务院财政部门应当在全国人民代表大会常务委员会举行会议审查和批准中央决算草案的三十日前，将上一年度中央决算草案提交全国人民代表大会财政经济委员会进行初步审查。

省、自治区、直辖市政府财政部门应当在本级人民代表大会常务委员会举行会议审查和批准本级决算草案的三十日前，将上一年度本级决算草案提交本级人民代表大会有关专门委员会进行初步审查。

设区的市、自治州政府财政部门应当在本级人民代表大会常务委员会举行会议审查和批准本级决算草案的三十日前，将上一年度本级决算草案提交本级人民代表大会有关专门委员会进行初步审查,或者送交本级人民代表大会常务委员会有关工作机构征求意见。

县、自治县、不设区的市、市辖区政府财政部门应当在本级人民代表大会常务委员会举行会议审查和批准本级决算草案的三十日前,将上一年度本级决算草案送交本级人民代表大会常务委员会有关工作机构征求意见。

全国人民代表大会财政经济委员会和省、自治区、直辖市、设区的市、自治州人民代表大会有关专门委员会,向本级人民代表大会常务委员会提出关于本级决算草案的审查结果报告。

第七十九条　县级以上各级人民代表大会常务委员会和乡、民族乡、镇人民代表大会对本级决算草案,重点审查下列内容:

(一)预算收入情况;

(二)支出政策实施情况和重点支出、重大投资项目资金的使用及绩效情况;

(三)结转资金的使用情况;

(四)资金结余情况;

(五)本级预算调整及执行情况;

(六)财政转移支付安排执行情况;

(七)经批准举借债务的规模、结构、使用、偿还等情况;

(八)本级预算周转金规模和使用情况;

(九)本级预备费使用情况;

(十)超收收入安排情况,预算稳定调节基金的规模和使用情况;

(十一)本级人民代表大会批准的预算决议落实情况;

(十二)其他与决算有关的重要情况。

县级以上各级人民代表大会常务委员会应当结合本级政府提出的上一年度预算执行和其他财政收支的审计工作报告,对本级决算草案进行审查。

第八十条　各级决算经批准后,财政部门应当在二十日内向本级各部门批复决算。各部门应当在接到本级政府财政部门批复的本部门决算后十五日内向所属单位批复决算。

第八十一条 地方各级政府应当将经批准的决算及下一级政府上报备案的决算汇总，报上一级政府备案。

县级以上各级政府应当将下一级政府报送备案的决算汇总后，报本级人民代表大会常务委员会备案。

第八十二条 国务院和县级以上地方各级政府对下一级政府依照本法第八十一条规定报送备案的决算，认为有同法律、行政法规相抵触或者有其他不适当之处，需要撤销批准该项决算的决议的，应当提请本级人民代表大会常务委员会审议决定；经审议决定撤销的，该下级人民代表大会常务委员会应当责成本级政府依照本法规定重新编制决算草案，提请本级人民代表大会常务委员会审查和批准。

第九章 监　　督

第八十三条 全国人民代表大会及其常务委员会对中央和地方预算、决算进行监督。

县级以上地方各级人民代表大会及其常务委员会对本级和下级预算、决算进行监督。

乡、民族乡、镇人民代表大会对本级预算、决算进行监督。

第八十四条 各级人民代表大会和县级以上各级人民代表大会常务委员会有权就预算、决算中的重大事项或者特定问题组织调查，有关的政府、部门、单位和个人应当如实反映情况和提供必要的材料。

第八十五条 各级人民代表大会和县级以上各级人民代表大会常务委员会举行会议时，人民代表大会代表或者常务委员会组成人员，依照法律规定程序就预算、决算中的有关问题提出询问或者质询，受询问或者受质询的有关的政府或者财政部门必须及时给予答复。

第八十六条 国务院和县级以上地方各级政府应当在每年六月至九月期间向本级人民代表大会常务委员会报告预算执行情况。

第八十七条 各级政府监督下级政府的预算执行；下级政府应

当定期向上一级政府报告预算执行情况。

第八十八条　各级政府财政部门负责监督本级各部门及其所属各单位预算管理有关工作，并向本级政府和上一级政府财政部门报告预算执行情况。

第八十九条　县级以上政府审计部门依法对预算执行、决算实行审计监督。

对预算执行和其他财政收支的审计工作报告应当向社会公开。

第九十条　政府各部门负责监督检查所属各单位的预算执行，及时向本级政府财政部门反映本部门预算执行情况，依法纠正违反预算的行为。

第九十一条　公民、法人或者其他组织发现有违反本法的行为，可以依法向有关国家机关进行检举、控告。

接受检举、控告的国家机关应当依法进行处理，并为检举人、控告人保密。任何单位或者个人不得压制和打击报复检举人、控告人。

第十章　法律责任

第九十二条　各级政府及有关部门有下列行为之一的，责令改正，对负有直接责任的主管人员和其他直接责任人员追究行政责任：

（一）未依照本法规定，编制、报送预算草案、预算调整方案、决算草案和部门预算、决算以及批复预算、决算的；

（二）违反本法规定，进行预算调整的；

（三）未依照本法规定对有关预算事项进行公开和说明的；

（四）违反规定设立政府性基金项目和其他财政收入项目的；

（五）违反法律、法规规定使用预算预备费、预算周转金、预算稳定调节基金、超收收入的；

（六）违反本法规定开设财政专户的。

第九十三条　各级政府及有关部门、单位有下列行为之一的，责令改正，对负有直接责任的主管人员和其他直接责任人员依法给予降级、撤职、开除的处分：

（一）未将所有政府收入和支出列入预算或者虚列收入和支出的；

（二）违反法律、行政法规的规定，多征、提前征收或者减征、免征、缓征应征预算收入的；

（三）截留、占用、挪用或者拖欠应当上缴国库的预算收入的；

（四）违反本法规定，改变预算支出用途的；

（五）擅自改变上级政府专项转移支付资金用途的；

（六）违反本法规定拨付预算支出资金，办理预算收入收纳、划分、留解、退付，或者违反本法规定冻结、动用国库库款或者以其他方式支配已入国库库款的。

第九十四条 各级政府、各部门、各单位违反本法规定举借债务或者为他人债务提供担保，或者挪用重点支出资金，或者在预算之外及超预算标准建设楼堂馆所的，责令改正，对负有直接责任的主管人员和其他直接责任人员给予撤职、开除的处分。

第九十五条 各级政府有关部门、单位及其工作人员有下列行为之一的，责令改正，追回骗取、使用的资金，有违法所得的没收违法所得，对单位给予警告或者通报批评；对负有直接责任的主管人员和其他直接责任人员依法给予处分：

（一）违反法律、法规的规定，改变预算收入上缴方式的；

（二）以虚报、冒领等手段骗取预算资金的；

（三）违反规定扩大开支范围、提高开支标准的；

（四）其他违反财政管理规定的行为。

第九十六条 本法第九十二条、第九十三条、第九十四条、第九十五条所列违法行为，其他法律对其处理、处罚另有规定的，依照其规定。

违反本法规定，构成犯罪的，依法追究刑事责任。

第十一章 附 则

第九十七条 各级政府财政部门应当按年度编制以权责发生制

为基础的政府综合财务报告，报告政府整体财务状况、运行情况和财政中长期可持续性，报本级人民代表大会常务委员会备案。

第九十八条　国务院根据本法制定实施条例。

第九十九条　民族自治地方的预算管理，依照民族区域自治法的有关规定执行；民族区域自治法没有规定的，依照本法和国务院的有关规定执行。

第一百条　省、自治区、直辖市人民代表大会或者其常务委员会根据本法，可以制定有关预算审查监督的决定或者地方性法规。

第一百零一条　本法自 1995 年 1 月 1 日起施行。1991 年 10 月 21 日国务院发布的《国家预算管理条例》同时废止。

中华人民共和国政府采购法

（中华人民共和国主席令第68号）（2014年8月31日）

第一章　总　　则

第一条　为了规范政府采购行为，提高政府采购资金的使用效益，维护国家利益和社会公共利益，保护政府采购当事人的合法权益，促进廉政建设，制定本法。

第二条　在中华人民共和国境内进行的政府采购适用本法。

本法所称政府采购，是指各级国家机关、事业单位和团体组织，使用财政性资金采购依法制定的集中采购目录以内的或者采购限额标准以上的货物、工程和服务的行为。

政府集中采购目录和采购限额标准依照本法规定的权限制定。

本法所称采购，是指以合同方式有偿取得货物、工程和服务的行为，包括购买、租赁、委托、雇用等。

本法所称货物，是指各种形态和种类的物品，包括原材料、燃料、设备、产品等。

本法所称工程，是指建设工程，包括建筑物和构筑物的新建、改建、扩建、装修、拆除、修缮等。

本法所称服务，是指除货物和工程以外的其他政府采购对象。

第三条　政府采购应当遵循公开透明原则、公平竞争原则、公正原则和诚实信用原则。

第四条　政府采购工程进行招标投标的，适用招标投标法。

第五条　任何单位和个人不得采用任何方式，阻挠和限制供应商自由进入本地区和本行业的政府采购市场。

第六条　政府采购应当严格按照批准的预算执行。

第七条　政府采购实行集中采购和分散采购相结合。集中采购的范围由省级以上人民政府公布的集中采购目录确定。

属于中央预算的政府采购项目，其集中采购目录由国务院确定并公布；属于地方预算的政府采购项目，其集中采购目录由省、自治区、直辖市人民政府或者其授权的机构确定并公布。

纳入集中采购目录的政府采购项目，应当实行集中采购。

第八条　政府采购限额标准，属于中央预算的政府采购项目，由国务院确定并公布；属于地方预算的政府采购项目，由省、自治区、直辖市人民政府或者其授权的机构确定并公布。

第九条　政府采购应当有助于实现国家的经济和社会发展政策目标，包括保护环境，扶持不发达地区和少数民族地区，促进中小企业发展等。

第十条　政府采购应当采购本国货物、工程和服务。但有下列情形之一的除外：

（一）需要采购的货物、工程或者服务在中国境内无法获取或者无法以合理的商业条件获取的；

（二）为在中国境外使用而进行采购的；

（三）其他法律、行政法规另有规定的。

前款所称本国货物、工程和服务的界定，依照国务院有关规定执行。

第十一条　政府采购的信息应当在政府采购监督管理部门指定的媒体上及时向社会公开发布，但涉及商业秘密的除外。

第十二条　在政府采购活动中，采购人员及相关人员与供应商有利害关系的，必须回避。供应商认为采购人员及相关人员与其他供应商有利害关系的，可以申请其回避。

前款所称相关人员，包括招标采购中评标委员会的组成人员，竞争性谈判采购中谈判小组的组成人员，询价采购中询价小组的组成人员等。

第十三条　各级人民政府财政部门是负责政府采购监督管理的

部门，依法履行对政府采购活动的监督管理职责。

各级人民政府其他有关部门依法履行与政府采购活动有关的监督管理职责。

第二章　政府采购当事人

第十四条　政府采购当事人是指在政府采购活动中享有权利和承担义务的各类主体，包括采购人、供应商和采购代理机构等。

第十五条　采购人是指依法进行政府采购的国家机关、事业单位、团体组织。

第十六条　集中采购机构为采购代理机构。设区的市、自治州以上人民政府根据本级政府采购项目组织集中采购的需要设立集中采购机构。

集中采购机构是非营利事业法人，根据采购人的委托办理采购事宜。

第十七条　集中采购机构进行政府采购活动，应当符合采购价格低于市场平均价格、采购效率更高、采购质量优良和服务良好的要求。

第十八条　采购人采购纳入集中采购目录的政府采购项目，必须委托集中采购机构代理采购；采购未纳入集中采购目录的政府采购项目，可以自行采购，也可以委托集中采购机构在委托的范围内代理采购。

纳入集中采购目录属于通用的政府采购项目的，应当委托集中采购机构代理采购；属于本部门、本系统有特殊要求的项目，应当实行部门集中采购；属于本单位有特殊要求的项目，经省级以上人民政府批准，可以自行采购。

第十九条　采购人可以委托集中采购机构以外的采购代理机构，在委托的范围内办理政府采购事宜。

采购人有权自行选择采购代理机构，任何单位和个人不得以任何方式为采购人指定采购代理机构。

第二十条　采购人依法委托采购代理机构办理采购事宜的，应当由采购人与采购代理机构签订委托代理协议，依法确定委托代理的事项，约定双方的权利义务。

第二十一条　供应商是指向采购人提供货物、工程或者服务的法人、其他组织或者自然人。

第二十二条　供应商参加政府采购活动应当具备下列条件：

（一）具有独立承担民事责任的能力；

（二）具有良好的商业信誉和健全的财务会计制度；

（三）具有履行合同所必需的设备和专业技术能力；

（四）有依法缴纳税收和社会保障资金的良好记录；

（五）参加政府采购活动前三年内，在经营活动中没有重大违法记录；

（六）法律、行政法规规定的其他条件。

采购人可以根据采购项目的特殊要求，规定供应商的特定条件，但不得以不合理的条件对供应商实行差别待遇或者歧视待遇。

第二十三条　采购人可以要求参加政府采购的供应商提供有关资质证明文件和业绩情况，并根据本法规定的供应商条件和采购项目对供应商的特定要求，对供应商的资格进行审查。

第二十四条　两个以上的自然人、法人或者其他组织可以组成一个联合体，以一个供应商的身份共同参加政府采购。

以联合体形式进行政府采购的，参加联合体的供应商均应当具备本法第二十二条规定的条件，并应当向采购人提交联合协议，载明联合体各方承担的工作和义务。联合体各方应当共同与采购人签订采购合同，就采购合同约定的事项对采购人承担连带责任。

第二十五条　政府采购当事人不得相互串通损害国家利益、社会公共利益和其他当事人的合法权益；不得以任何手段排斥其他供应商参与竞争。

供应商不得以向采购人、采购代理机构、评标委员会的组成人员、竞争性谈判小组的组成人员、询价小组的组成人员行贿或者采取其他不正当手段谋取中标或者成交。

采购代理机构不得以向采购人行贿或者采取其他不正当手段谋取非法利益。

第三章　政府采购方式

第二十六条　政府采购采用以下方式：

（一）公开招标；

（二）邀请招标；

（三）竞争性谈判；

（四）单一来源采购；

（五）询价；

（六）国务院政府采购监督管理部门认定的其他采购方式。

公开招标应作为政府采购的主要采购方式。

第二十七条　采购人采购货物或者服务应当采用公开招标方式的，其具体数额标准，属于中央预算的政府采购项目，由国务院规定；属于地方预算的政府采购项目，由省、自治区、直辖市人民政府规定；因特殊情况需要采用公开招标以外的采购方式的，应当在采购活动开始前获得设区的市、自治州以上人民政府采购监督管理部门的批准。

第二十八条　采购人不得将应当以公开招标方式采购的货物或者服务化整为零或者以其他任何方式规避公开招标采购。

第二十九条　符合下列情形之一的货物或者服务，可以依照本法采用邀请招标方式采购：

（一）具有特殊性，只能从有限范围的供应商处采购的；

（二）采用公开招标方式的费用占政府采购项目总价值的比例过大的。

第三十条　符合下列情形之一的货物或者服务，可以依照本法采用竞争性谈判方式采购：

（一）招标后没有供应商投标或者没有合格标的或者重新招标未能成立的；

（二）技术复杂或者性质特殊，不能确定详细规格或者具体要求的；

（三）采用招标所需时间不能满足用户紧急需要的；

（四）不能事先计算出价格总额的。

第三十一条　符合下列情形之一的货物或者服务，可以依照本法采用单一来源方式采购：

（一）只能从唯一供应商处采购的；

（二）发生了不可预见的紧急情况不能从其他供应商处采购的；

（三）必须保证原有采购项目一致性或者服务配套的要求，需要继续从原供应商处添购，且添购资金总额不超过原合同采购金额百分之十的。

第三十二条　采购的货物规格、标准统一、现货货源充足且价格变化幅度小的政府采购项目，可以依照本法采用询价方式采购。

第四章　政府采购程序

第三十三条　负有编制部门预算职责的部门在编制下一财政年度部门预算时，应当将该财政年度政府采购的项目及资金预算列出，报本级财政部门汇总。部门预算的审批，按预算管理权限和程序进行。

第三十四条　货物或者服务项目采取邀请招标方式采购的，采购人应当从符合相应资格条件的供应商中，通过随机方式选择三家以上的供应商，并向其发出投标邀请书。

第三十五条　货物和服务项目实行招标方式采购的，自招标文件开始发出之日起至投标人提交投标文件截止之日止，不得少于二十日。

第三十六条　在招标采购中，出现下列情形之一的，应予废标：

（一）符合专业条件的供应商或者对招标文件作实质响应的供应

商不足三家的；

（二）出现影响采购公正的违法、违规行为的；

（三）投标人的报价均超过了采购预算，采购人不能支付的；

（四）因重大变故，采购任务取消的。

废标后，采购人应当将废标理由通知所有投标人。

第三十七条 废标后，除采购任务取消情形外，应当重新组织招标；需要采取其他方式采购的，应当在采购活动开始前获得设区的市、自治州以上人民政府采购监督管理部门或者政府有关部门批准。

第三十八条 采用竞争性谈判方式采购的，应当遵循下列程序：

（一）成立谈判小组。谈判小组由采购人的代表和有关专家共三人以上的单数组成，其中专家的人数不得少于成员总数的三分之二。

（二）制定谈判文件。谈判文件应当明确谈判程序、谈判内容、合同草案的条款以及评定成交的标准等事项。

（三）确定邀请参加谈判的供应商名单。谈判小组从符合相应资格条件的供应商名单中确定不少于三家的供应商参加谈判，并向其提供谈判文件。

（四）谈判。谈判小组所有成员集中与单一供应商分别进行谈判。在谈判中，谈判的任何一方不得透露与谈判有关的其他供应商的技术资料、价格和其他信息。谈判文件有实质性变动的，谈判小组应当以书面形式通知所有参加谈判的供应商。

（五）确定成交供应商。谈判结束后，谈判小组应当要求所有参加谈判的供应商在规定时间内进行最后报价，采购人从谈判小组提出的成交候选人中根据符合采购需求、质量和服务相等且报价最低的原则确定成交供应商，并将结果通知所有参加谈判的未成交的供应商。

第三十九条 采取单一来源方式采购的，采购人与供应商应当遵循本法规定的原则，在保证采购项目质量和双方商定合理价格的基础上进行采购。

第四十条　采取询价方式采购的，应当遵循下列程序：

（一）成立询价小组。询价小组由采购人的代表和有关专家共三人以上的单数组成，其中专家的人数不得少于成员总数的三分之二。询价小组应当对采购项目的价格构成和评定成交的标准等事项作出规定。

（二）确定被询价的供应商名单。询价小组根据采购需求，从符合相应资格条件的供应商名单中确定不少于三家的供应商，并向其发出询价通知书让其报价。

（三）询价。询价小组要求被询价的供应商一次报出不得更改的价格。

（四）确定成交供应商。采购人根据符合采购需求、质量和服务相等且报价最低的原则确定成交供应商，并将结果通知所有被询价的未成交的供应商。

第四十一条　采购人或者其委托的采购代理机构应当组织对供应商履约的验收。大型或者复杂的政府采购项目，应当邀请国家认可的质量检测机构参加验收工作。验收方成员应当在验收书上签字，并承担相应的法律责任。

第四十二条　采购人、采购代理机构对政府采购项目每项采购活动的采购文件应当妥善保存，不得伪造、变造、隐匿或者销毁。采购文件的保存期限为从采购结束之日起至少保存十五年。

采购文件包括采购活动记录、采购预算、招标文件、投标文件、评标标准、评估报告、定标文件、合同文本、验收证明、质疑答复、投诉处理决定及其他有关文件、资料。

采购活动记录至少应当包括下列内容：

（一）采购项目类别、名称；

（二）采购项目预算、资金构成和合同价格；

（三）采购方式，采用公开招标以外的采购方式的，应当载明原因；

（四）邀请和选择供应商的条件及原因；

（五）评标标准及确定中标人的原因；

（六）废标的原因；

（七）采用招标以外采购方式的相应记载。

第五章 政府采购合同

第四十三条 政府采购合同适用合同法。采购人和供应商之间的权利和义务，应当按照平等、自愿的原则以合同方式约定。

采购人可以委托采购代理机构代表其与供应商签订政府采购合同。由采购代理机构以采购人名义签订合同的，应当提交采购人的授权委托书，作为合同附件。

第四十四条 政府采购合同应当采用书面形式。

第四十五条 国务院政府采购监督管理部门应当会同国务院有关部门，规定政府采购合同必须具备的条款。

第四十六条 采购人与中标、成交供应商应当在中标、成交通知书发出之日起三十日内，按照采购文件确定的事项签订政府采购合同。

中标、成交通知书对采购人和中标、成交供应商均具有法律效力。中标、成交通知书发出后，采购人改变中标、成交结果的，或者中标、成交供应商放弃中标、成交项目的，应当依法承担法律责任。

第四十七条 政府采购项目的采购合同自签订之日起七个工作日内，采购人应当将合同副本报同级政府采购监督管理部门和有关部门备案。

第四十八条 经采购人同意，中标、成交供应商可以依法采取分包方式履行合同。

政府采购合同分包履行的，中标、成交供应商就采购项目和分包项目向采购人负责，分包供应商就分包项目承担责任。

第四十九条 政府采购合同履行中，采购人需追加与合同标的相同的货物、工程或者服务的，在不改变合同其他条款的前提下，可以与供应商协商签订补充合同,但所有补充合同的采购金额不得超过原合同采购金额的百分之十。

第五十条　政府采购合同的双方当事人不得擅自变更、中止或者终止合同。

政府采购合同继续履行将损害国家利益和社会公共利益的,双方当事人应当变更、中止或者终止合同。有过错的一方应当承担赔偿责任,双方都有过错的,各自承担相应的责任。

第六章　质疑与投诉

第五十一条　供应商对政府采购活动事项有疑问的,可以向采购人提出询问,采购人应当及时作出答复,但答复的内容不得涉及商业秘密。

第五十二条　供应商认为采购文件、采购过程和中标、成交结果使自己的权益受到损害的,可以在知道或者应知其权益受到损害之日起七个工作日内,以书面形式向采购人提出质疑。

第五十三条　采购人应当在收到供应商的书面质疑后七个工作日内作出答复,并以书面形式通知质疑供应商和其他有关供应商,但答复的内容不得涉及商业秘密。

第五十四条　采购人委托采购代理机构采购的,供应商可以向采购代理机构提出询问或者质疑,采购代理机构应当依照本法第五十一条、第五十三条的规定就采购人委托授权范围内的事项作出答复。

第五十五条　质疑供应商对采购人、采购代理机构的答复不满意或者采购人、采购代理机构未在规定的时间内作出答复的,可以在答复期满后十五个工作日内向同级政府采购监督管理部门投诉。

第五十六条　政府采购监督管理部门应当在收到投诉后三十个工作日内,对投诉事项作出处理决定,并以书面形式通知投诉人和与投诉事项有关的当事人。

第五十七条　政府采购监督管理部门在处理投诉事项期间,可以视具体情况书面通知采购人暂停采购活动，但暂停时间最长不得超过三十日。

第五十八条 投诉人对政府采购监督管理部门的投诉处理决定不服或者政府采购监督管理部门逾期未作处理的，可以依法申请行政复议或者向人民法院提起行政诉讼。

第七章 监督检查

第五十九条 政府采购监督管理部门应当加强对政府采购活动及集中采购机构的监督检查。

监督检查的主要内容是：

（一）有关政府采购的法律、行政法规和规章的执行情况；

（二）采购范围、采购方式和采购程序的执行情况；

（三）政府采购人员的职业素质和专业技能。

第六十条 政府采购监督管理部门不得设置集中采购机构，不得参与政府采购项目的采购活动。

采购代理机构与行政机关不得存在隶属关系或者其他利益关系。

第六十一条 集中采购机构应当建立健全内部监督管理制度。采购活动的决策和执行程序应当明确，并相互监督、相互制约。经办采购的人员与负责采购合同审核、验收人员的职责权限应当明确，并相互分离。

第六十二条 集中采购机构的采购人员应当具有相关职业素质和专业技能，符合政府采购监督管理部门规定的专业岗位任职要求。

集中采购机构对其工作人员应当加强教育和培训；对采购人员的专业水平、工作实绩和职业道德状况定期进行考核。采购人员经考核不合格的，不得继续任职。

第六十三条 政府采购项目的采购标准应当公开。

采用本法规定的采购方式的，采购人在采购活动完成后，应当将采购结果予以公布。

第六十四条　采购人必须按照本法规定的采购方式和采购程序进行采购。

任何单位和个人不得违反本法规定，要求采购人或者采购工作人员向其指定的供应商进行采购。

第六十五条　政府采购监督管理部门应当对政府采购项目的采购活动进行检查，政府采购当事人应当如实反映情况，提供有关材料。

第六十六条　政府采购监督管理部门应当对集中采购机构的采购价格、节约资金效果、服务质量、信誉状况、有无违法行为等事项进行考核，并定期如实公布考核结果。

第六十七条　依照法律、行政法规的规定对政府采购负有行政监督职责的政府有关部门，应当按照其职责分工，加强对政府采购活动的监督。

第六十八条　审计机关应当对政府采购进行审计监督。政府采购监督管理部门、政府采购各当事人有关政府采购活动，应当接受审计机关的审计监督。

第六十九条　监察机关应当加强对参与政府采购活动的国家机关、国家公务员和国家行政机关任命的其他人员实施监察。

第七十条　任何单位和个人对政府采购活动中的违法行为，有权控告和检举，有关部门、机关应当依照各自职责及时处理。

第八章　法律责任

第七十一条　采购人、采购代理机构有下列情形之一的，责令限期改正，给予警告，可以并处罚款，对直接负责的主管人员和其他直接责任人员，由其行政主管部门或者有关机关给予处分，并予通报：

（一）应当采用公开招标方式而擅自采用其他方式采购的；

（二）擅自提高采购标准的；

（三）以不合理的条件对供应商实行差别待遇或者歧视待遇的；

（四）在招标采购过程中与投标人进行协商谈判的；

（五）中标、成交通知书发出后不与中标、成交供应商签订采购合同的；

（六）拒绝有关部门依法实施监督检查的。

第七十二条 采购人、采购代理机构及其工作人员有下列情形之一，构成犯罪的，依法追究刑事责任；尚不构成犯罪的，处以罚款，有违法所得的，并处没收违法所得，属于国家机关工作人员的，依法给予行政处分：

（一）与供应商或者采购代理机构恶意串通的；

（二）在采购过程中接受贿赂或者获取其他不正当利益的；

（三）在有关部门依法实施的监督检查中提供虚假情况的；

（四）开标前泄露标底的。

第七十三条 有前两条违法行为之一影响中标、成交结果或者可能影响中标、成交结果的，按下列情况分别处理：

（一）未确定中标、成交供应商的，终止采购活动；

（二）中标、成交供应商已经确定但采购合同尚未履行的，撤销合同，从合格的中标、成交候选人中另行确定中标、成交供应商；

（三）采购合同已经履行的，给采购人、供应商造成损失的，由责任人承担赔偿责任。

第七十四条 采购人对应当实行集中采购的政府采购项目，不委托集中采购机构实行集中采购的，由政府采购监督管理部门责令改正；拒不改正的，停止按预算向其支付资金，由其上级行政主管部门或者有关机关依法给予其直接负责的主管人员和其他直接责任人员处分。

第七十五条 采购人未依法公布政府采购项目的采购标准和采购结果的，责令改正，对直接负责的主管人员依法给予处分。

第七十六条 采购人、采购代理机构违反本法规定隐匿、销毁应当保存的采购文件或者伪造、变造采购文件的，由政府采购监督管理部门处以二万元以上十万元以下的罚款，对其直接负责的主管人员和其他直接责任人员依法给予处分；构成犯罪的，依法追究刑事责任。

第七十七条　供应商有下列情形之一的，处以采购金额千分之五以上千分之十以下的罚款，列入不良行为记录名单，在一至三年内禁止参加政府采购活动，有违法所得的，并处没收违法所得，情节严重的，由工商行政管理机关吊销营业执照；构成犯罪的，依法追究刑事责任：

（一）提供虚假材料谋取中标、成交的；

（二）采取不正当手段诋毁、排挤其他供应商的；

（三）与采购人、其他供应商或者采购代理机构恶意串通的；

（四）向采购人、采购代理机构行贿或者提供其他不正当利益的；

（五）在招标采购过程中与采购人进行协商谈判的；

（六）拒绝有关部门监督检查或者提供虚假情况的。

供应商有前款第（一）至（五）项情形之一的，中标、成交无效。

第七十八条　采购代理机构在代理政府采购业务中有违法行为的，按照有关法律规定处以罚款，可以在一至三年内禁止其代理政府采购业务，构成犯罪的，依法追究刑事责任。

第七十九条　政府采购当事人有本法第七十一条、第七十二条、第七十七条违法行为之一，给他人造成损失的，并应依照有关民事法律规定承担民事责任。

第八十条　政府采购监督管理部门的工作人员在实施监督检查中违反本法规定滥用职权，玩忽职守，徇私舞弊的，依法给予行政处分；构成犯罪的，依法追究刑事责任。

第八十一条　政府采购监督管理部门对供应商的投诉逾期未作处理的，给予直接负责的主管人员和其他直接责任人员行政处分。

第八十二条　政府采购监督管理部门对集中采购机构业绩的考核，有虚假陈述，隐瞒真实情况的，或者不作定期考核和公布考核结果的，应当及时纠正，由其上级机关或者监察机关对其负责人进行通报，并对直接负责的人员依法给予行政处分。

集中采购机构在政府采购监督管理部门考核中，虚报业绩，隐瞒真实情况的，处以二万元以上二十万元以下的罚款，并予以通报；情节严重的，取消其代理采购的资格。

第八十三条 任何单位或者个人阻挠和限制供应商进入本地区或者本行业政府采购市场的，责令限期改正；拒不改正的，由该单位、个人的上级行政主管部门或者有关机关给予单位责任人或者个人处分。

第九章 附 则

第八十四条 使用国际组织和外国政府贷款进行的政府采购，贷款方、资金提供方与中方达成的协议对采购的具体条件另有规定的，可以适用其规定，但不得损害国家利益和社会公共利益。

第八十五条 对因严重自然灾害和其他不可抗力事件所实施的紧急采购和涉及国家安全和秘密的采购，不适用本法。

第八十六条 军事采购法规由中央军事委员会另行制定。

第八十七条 本法实施的具体步骤和办法由国务院规定。

第八十八条 本法自 2003 年 1 月 1 日起施行。

二、财务规章制度

事业单位财务规则

（财政部令第 108 号）(202 年 1 月 18 日）

第一章　总　　则

第一条　为了进一步规范事业单位的财务行为，加强事业单位财务管理和监督，提高资金使用效益，保障事业单位健康发展，制定本规则。

第二条　本规则适用于各级各类事业单位（以下简称事业单位）的财务活动。

第三条　事业单位财务管理的基本原则是：执行国家有关法律、法规和财务规章制度；坚持勤俭办一切事业的方针；正确处理事业发展需要和资金供给的关系，社会效益和经济效益的关系，国家、单位和个人三者利益的关系。

第四条　事业单位财务管理的主要任务是：合理编制单位预算，严格预算执行，完整、准确编制单位决算报告和财务报告，真实反映单位预算执行情况、财务状况和运行情况；依法组织收入，努力节约支出；建立健全财务制度，加强经济核算，全面实施绩效管理，提高资金使用效益；加强资产管理，合理配置和有效利用资产，防止资产流失；加强对单位经济活动的财务控制和监督，防范财务风险。

第五条　事业单位的财务活动在单位负责人的领导下，由单位财务部门统一管理。

第六条　事业单位的各项经济业务事项按照国家统一的会计制度进行会计核算。

第二章　单位预算管理

第七条　事业单位预算是指事业单位根据事业发展目标和计划编制的年度财务收支计划。

事业单位预算由收入预算和支出预算组成。

第八条　国家对事业单位实行核定收支、定额或者定项补助、超支不补、结转和结余按规定使用的预算管理办法。

定额或者定项补助根据国家有关政策和财力可能，结合事业单位改革要求、事业特点、事业发展目标和计划、事业单位收支及资产状况等确定。定额或者定项补助可以为零。

非财政补助收入大于支出较多的事业单位，可以实行收入上缴办法。具体办法由财政部门会同有关主管部门制定。

第九条　事业单位参考以前年度预算执行情况，根据预算年度的收入增减因素和措施，以及以前年度结转和结余情况，测算编制收入预算草案；根据事业发展需要与财力可能，测算编制支出预算草案。

事业单位预算应当自求收支平衡，不得编制赤字预算。

第十条　事业单位应当根据国家宏观调控总体要求、年度事业发展目标和计划以及预算编制的规定，提出预算建议数，经主管部门审核汇总报财政部门（一级预算单位直接报财政部门，下同）。事业单位根据财政部门下达的预算控制数编制预算草案，由主管部门审核汇总报财政部门，经法定程序审核批复后执行。

第十一条　事业单位应当严格执行批准的预算。预算执行中，国家对财政补助收入和财政专户管理资金的预算一般不予调剂，确需调剂的，由事业单位报主管部门审核后报财政部门调剂；其他资金确需调剂的，按照国家有关规定办理。

第十二条　事业单位决算是指事业单位预算收支和结余的年度执行结果。

第十三条　事业单位应当按照规定编制年度决算草案，由主管部门审核汇总后报财政部门审批。

第十四条　事业单位应当加强决算审核和分析，保证决算数据的真实、准确，规范决算管理工作。

第十五条　事业单位应当全面加强预算绩效管理，提高资金使用效益。

第三章　收入管理

第十六条　收入是指事业单位为开展业务及其他活动依法取得的非偿还性资金。

第十七条　事业单位收入包括：

（一）财政补助收入，即事业单位从本级财政部门取得的各类财政拨款。

（二）事业收入，即事业单位开展专业业务活动及其辅助活动取得的收入。其中：按照国家有关规定应当上缴国库或者财政专户的资金，不计入事业收入；从财政专户核拨给事业单位的资金和经核准不上缴国库或者财政专户的资金，计入事业收入。

（三）上级补助收入，即事业单位从主管部门和上级单位取得的非财政补助收入。

（四）附属单位上缴收入，即事业单位附属独立核算单位按照有关规定上缴的收入。

（五）经营收入，即事业单位在专业业务活动及其辅助活动之外开展非独立核算经营活动取得的收入。

（六）其他收入，即本条上述规定范围以外的各项收入，包括投资收益、利息收入、捐赠收入、非本级财政补助收入、租金收入等。

第十八条　事业单位应当将各项收入全部纳入单位预算，统一核算，统一管理，未纳入预算的收入不得安排支出。

第十九条　事业单位对按照规定上缴国库或者财政专户的资金，应当按照国库集中收缴的有关规定及时足额上缴，不得隐瞒、滞留、截留、占用、挪用、拖欠或坐支。

第四章　支出管理

第二十条　支出是指事业单位开展业务及其他活动发生的资金耗费和损失。

第二十一条　事业单位支出包括：

（一）事业支出，即事业单位开展专业业务活动及其辅助活动发生的基本支出和项目支出。基本支出，是指事业单位为保障其单位正常运转、完成日常工作任务所发生的支出，包括人员经费和公用经费；项目支出，是指事业单位为完成其特定的工作任务和事业发展目标所发生的支出。

（二）经营支出，即事业单位在专业业务活动及其辅助活动之外开展非独立核算经营活动发生的支出。

（三）对附属单位补助支出，即事业单位用财政补助收入之外的收入对附属单位补助发生的支出。

（四）上缴上级支出，即事业单位按照财政部门和主管部门的规定上缴上级单位的支出。

（五）其他支出，即本条上述规定范围以外的各项支出，包括利息支出、捐赠支出等。

第二十二条　事业单位应当将各项支出全部纳入单位预算，实行项目库管理，建立健全支出管理制度。

第二十三条　事业单位的支出应当厉行节约，严格执行国家有关财务规章制度规定的开支范围及开支标准；国家有关财务规章制度没有统一规定的，由事业单位规定，报主管部门和财政部门备案。事业单位的规定违反法律制度和国家政策的，主管部门和财政部门应当责令改正。

第二十四条　事业单位从财政部门和主管部门取得的有指定项目和用途的专项资金，应当专款专用、单独核算，并按照规定报送专项资金使用情况的报告，接受财政部门或者主管部门的检查、验收。

第二十五条　事业单位应当加强经济核算，可以根据开展业务活动及其他活动的实际需要，实行成本核算。成本核算的具体办法按照国务院财政部门相关规定执行。

第二十六条　事业单位应当严格执行国库集中支付制度和政府采购制度等有关规定。

第二十七条　事业单位应当依法加强各类票据管理，确保票据来源合法、内容真实、使用正确，不得使用虚假票据。

第五章　结转和结余管理

第二十八条　结转和结余是指事业单位年度收入与支出相抵后的余额。

结转资金是指当年预算已执行但未完成，或者因故未执行，下一年度需要按照原用途继续使用的资金。结余资金是指当年预算工作目标已完成，或者因故终止，当年剩余的资金。

经营收支结转和结余应当单独反映。

第二十九条　财政拨款结转和结余的管理，应当按照国家有关规定执行。

第三十条　非财政拨款结转按照规定结转下一年度继续使用。非财政拨款结余可以按照国家有关规定提取职工福利基金，剩余部分用于弥补以后年度单位收支差额；国家另有规定的，从其规定。

第三十一条　事业单位应当加强非财政拨款结余的管理，盘活存量，统筹安排、合理使用，支出不得超出非财政拨款结余规模。

第六章　专用基金管理

第三十二条　专用基金是指事业单位按照规定提取或者设置的有专门用途的资金。

专用基金管理应当遵循先提后用、专款专用的原则，支出不得超出基金规模。

第三十三条　专用基金包括职工福利基金和其他专用基金。

职工福利基金是指按照非财政拨款结余的一定比例提取以及按

照其他规定提取转入,用于单位职工的集体福利设施、集体福利待遇等的资金。

其他专用基金是指除职工福利基金外,按照有关规定提取或者设置的专用资金。

第三十四条 事业单位应当将专用基金纳入预算管理,结合实际需要按照规定提取,保持合理规模,提高使用效益。专用基金余额较多的,应当降低提取比例或者暂停提取;确需调整用途的,由主管部门会同本级财政部门确定。

第三十五条 各项基金的提取比例和管理办法,国家有统一规定的,按照统一规定执行;没有统一规定的,由主管部门会同本级财政部门确定。

第七章 资产管理

第三十六条 资产是指事业单位依法直接支配的各类经济资源。

第三十七条 事业单位的资产包括流动资产、固定资产、在建工程、无形资产、对外投资、公共基础设施、政府储备物资、文物文化资产、保障性住房等。

第三十八条 事业单位应当建立健全单位资产管理制度,明确资产使用人和管理人的岗位责任,按照国家规定设置国有资产台账,加强和规范资产配置、使用和处置管理,维护资产安全完整,提高资产使用效率。涉及资产评估的,按照国家有关规定执行。

事业单位应当汇总编制本单位行政事业性国有资产管理情况报告。

事业单位应当定期或者不定期对资产进行盘点、对账。出现资产盘盈盘亏的,应当按照财务、会计和资产管理制度有关规定处理,做到账实相符和账账相符。

事业单位对需要办理权属登记的资产应当依法及时办理。

第三十九条 事业单位应当根据依法履行职能和事业发展的需

要，结合资产存量、资产配置标准、绩效目标和财政承受能力配置资产。优先通过调剂方式配置资产。不能调剂的，可以采用购置、建设、租用等方式。

第四十条　流动资产是指可以在一年以内变现或者耗用的资产，包括现金、各种存款、应收及预付款项、存货等。

前款所称存货是指事业单位在开展业务活动及其他活动中为耗用或出售而储存的资产，包括材料、燃料、包装物和低值易耗品以及未达到固定资产标准的用具、装具、动植物等。

事业单位货币性资产损失核销，应当经主管部门审核同意后报本级财政部门审批。

第四十一条　固定资产是指使用期限超过一年，单位价值在1000元以上，并在使用过程中基本保持原有物质形态的资产。单位价值虽未达到规定标准，但是耐用时间在一年以上的大批同类物资，作为固定资产管理。

行业事业单位的固定资产明细目录由国务院主管部门制定，报国务院财政部门备案。

第四十二条　在建工程是指已经发生必要支出，但尚未达到交付使用状态的建设工程。

在建工程达到交付使用状态时，应当按照规定办理工程竣工财务决算和资产交付使用，期限最长不得超过1年。

第四十三条　无形资产是指不具有实物形态而能为使用者提供某种权利的资产，包括专利权、商标权、著作权、土地使用权、非专利技术以及其他财产权利。

事业单位转让无形资产取得的收入、取得无形资产发生的支出，应当按照国家有关规定处理。

第四十四条　对外投资是指事业单位依法利用货币资金、实物、无形资产等方式向其他单位的投资。

事业单位应当严格控制对外投资。利用国有资产对外投资应当有利于事业发展和实现国有资产保值增值，符合国家有关规定，经可行性研究和集体决策，按照规定的权限和程序进行。事业单位不得使用财政拨款及其结余进行对外投资，不得从事股票、期货、基金、企业债券等投资，国家另有规定的除外。

事业单位应当明确对外投资形成的股权及其相关权益管理责任，按照国家有关规定将对外投资形成的股权纳入经营性国有资产集中统一监管体系。

第四十五条 公共基础设施、政府储备物资、文物文化资产、保障性住房等资产管理的具体办法，由国务院财政部门会同有关部门制定。

第四十六条 事业单位资产处置应当遵循公开、公平、公正和竞争、择优的原则，严格履行相关审批程序。

事业单位出租、出借资产应当严格履行相关审批程序。

第四十七条 事业单位应当在确保安全使用的前提下，推进本单位大型设备等国有资产共享共用工作，可以对提供方给予合理补偿。

第八章 负债管理

第四十八条 负债是指事业单位所承担的能以货币计量，需要以资产或者劳务偿还的债务。

第四十九条 事业单位的负债包括借入款项、应付款项、暂存款项、应缴款项等。

应缴款项包括事业单位按照国家有关规定收取的应当上缴国库或者财政专户的资金、应缴税费，以及其他应当上缴的款项。

第五十条 事业单位应当对不同性质的负债分类管理，及时清理并按照规定办理结算，保证各项负债在规定期限内偿还。

第五十一条 事业单位应当建立健全财务风险预警和控制机制，规范和加强借入款项管理，如实反映依法举借债务情况，严格执行审批程序，不得违反规定融资或者提供担保。

第九章　事业单位清算

第五十二条　事业单位发生划转、改制、撤销、合并、分立时，应当进行清算。

第五十三条　事业单位清算，应当在主管部门和财政部门的监督指导下，对单位的财产、债权、债务等进行全面清理，编制财产目录和债权、债务清单，提出财产作价依据和债权、债务处理办法，做好资产和负债的移交、接收、划转和管理工作，并妥善处理各项遗留问题。

第五十四条　事业单位清算结束后，经主管部门审核并报财政部门批准，其资产和负债分别按照下列办法处理：

（一）因隶属关系改变，成建制划转的事业单位，全部资产和负债无偿移交，并相应划转经费指标。

（二）转为企业的事业单位，全部资产扣除负债后，转作国家资本金。

（三）撤销的事业单位，全部资产和负债由主管部门和财政部门核准处理。

（四）合并的事业单位，全部资产和负债移交接收单位或者新组建单位，合并后多余的资产由主管部门和财政部门核准处理。

（五）分立的事业单位，全部资产和负债按照有关规定移交分立后的事业单位，并相应划转经费指标。

第十章　财务报告和决算报告

第五十五条　事业单位应当按国家有关规定向主管部门和财政部门以及其他有关的报告使用者提供财务报告、决算报告。

事业单位财务会计和预算会计要素的确认、计量、记录、报告应当遵循政府会计准则制度的规定。

第五十六条　财务报告主要以权责发生制为基础编制，综合反映事业单位特定日期财务状况和一定时期运行情况等信息。

第五十七条　财务报告由财务报表和财务分析两部分组成。财务报表主要包括资产负债表、收入费用表等会计报表和报表附注。财务分析的内容主要包括财务状况分析、运行情况分析和财务管理情况等。

第五十八条 决算报告主要以收付实现制为基础编制，综合反映事业单位年度预算收支执行结果等信息。

第五十九条 决算报告由决算报表和决算分析两部分组成。决算报表主要包括收入支出表、财政拨款收入支出表等。决算分析的内容主要包括收支预算执行分析、资金使用效益分析和机构人员情况等。

第十一章 财务监督

第六十条 事业单位财务监督主要包括对预算管理、收入管理、支出管理、结转和结余管理、专用基金管理、资产管理、负债管理等的监督。

第六十一条 事业单位财务监督应当实行事前监督、事中监督、事后监督相结合，日常监督与专项监督相结合。

第六十二条 事业单位应当建立健全内部控制制度、经济责任制度、财务信息披露制度等监督制度，依法公开财务信息。

第六十三条 事业单位应当遵守财经纪律和财务制度，依法接受主管部门和财政、审计部门的监督。

第六十四条 各级事业单位、主管部门和财政部门及其工作人员存在违反本规则规定的行为，以及其他滥用职权、玩忽职守、徇私舞弊等违法违规行为的，依法追究相应责任。

第十二章 附 则

第六十五条 事业单位基本建设投资的财务管理，应当执行本规则，但国家基本建设投资财务管理制度另有规定的，从其规定。

第六十六条 参照公务员法管理的事业单位财务制度的适用，由国务院财政部门另行规定。

第六十七条　接受国家经常性资助的社会力量举办的公益服务性组织和社会团体，依照本规则执行；其他社会力量举办的公益服务性组织和社会团体，可以参照本规则执行。

第六十八条　下列事业单位或者事业单位特定项目，执行企业财务制度，不执行本规则：

（一）纳入企业财务管理体系的事业单位和事业单位附属独立核算的生产经营单位；

（二）事业单位经营的接受外单位要求投资回报的项目；

（三）经主管部门和财政部门批准的具备条件的其他事业单位。

第六十九条　行业特点突出，需要制定行业事业单位财务管理制度的，由国务院财政部门会同有关主管部门根据本规则制定。

第七十条　省、自治区、直辖市人民政府财政部门可以根据本规则结合本地区实际情况制定事业单位具体财务管理办法。

第七十一条　本规则自 2022 年 3 月 1 日起施行。《事业单位财务规则》（财政部令第 68 号）同时废止。

基本建设财务规则

（财政部令第81号、第90号）（2017年12月4日）

第一章　总　　则

第一条　为了规范基本建设财务行为，加强基本建设财务管理，提高财政资金使用效益，保障财政资金安全，制定本规则。

第二条　本规则适用于行政事业单位的基本建设财务行为，以及国有和国有控股企业使用财政资金的基本建设财务行为。

基本建设是指以新增工程效益或者扩大生产能力为主要目的的新建、续建、改扩建、迁建、大型维修改造工程及相关工作。

第三条　基本建设财务管理应当严格执行国家有关法律、行政法规和财务规章制度，坚持勤俭节约、量力而行、讲求实效，正确处理资金使用效益与资金供给的关系。

第四条　基本建设财务管理的主要任务是：

（一）依法筹集和使用基本建设项目（以下简称项目）建设资金，防范财务风险；

（二）合理编制项目资金预算，加强预算审核，严格预算执行；

（三）加强项目核算管理，规范和控制建设成本；

（四）及时准确编制项目竣工财务决算，全面反映基本建设财务状况；

（五）加强对基本建设活动的财务控制和监督，实施绩效评价。

第五条　财政部负责制定并指导实施基本建设财务管理制度。

各级财政部门负责对基本建设财务活动实施全过程管理和监督。

第六条　各级项目主管部门（含一级预算单位，下同）应当会同财政部门，加强本部门或者本行业基本建设财务管理和监督，指导和督促项目建设单位做好基本建设财务管理的基础工作。

第七条　项目建设单位应当做好以下基本建设财务管理的基础工作：

（一）建立、健全本单位基本建设财务管理制度和内部控制制度；

（二）按项目单独核算，按照规定将核算情况纳入单位账簿和财务报表；

（三）按照规定编制项目资金预算，根据批准的项目概（预）算做好核算管理，及时掌握建设进度，定期进行财产物资清查，做好核算资料档案管理；

（四）按照规定向财政部门、项目主管部门报送基本建设财务报表和资料；

（五）及时办理工程价款结算，编报项目竣工财务决算，办理资产交付使用手续；

（六）财政部门和项目主管部门要求的其他工作。

按照规定实行代理记账和项目代建制的，代理记账单位和代建单位应当配合项目建设单位做好项目财务管理的基础工作。

第二章　建设资金筹集与使用管理

第八条　建设资金是指为满足项目建设需要筹集和使用的资金，按照来源分为财政资金和自筹资金。其中，财政资金包括一般公共预算安排的基本建设投资资金和其他专项建设资金，政府性基金预算安排的建设资金，政府依法举债取得的建设资金，以及国有资本经营预算安排的基本建设项目资金。

第九条　财政资金管理应当遵循专款专用原则，严格按照批准的项目预算执行，不得挤占挪用。

财政部门应当会同项目主管部门加强项目财政资金的监督管理。

第十条　财政资金的支付，按照国库集中支付制度有关规定和合同约定，综合考虑项目财政资金预算、建设进度等因素执行。

第十一条 项目建设单位应当根据批准的项目概(预)算、年度投资计划和预算、建设进度等控制项目投资规模。

第十二条 项目建设单位在决策阶段应当明确建设资金来源,落实建设资金,合理控制筹资成本。非经营性项目建设资金按照国家有关规定筹集;经营性项目在防范风险的前提下,可以多渠道筹集。

具体项目的经营性和非经营性性质划分,由项目主管部门会同财政部门根据项目建设目的、运营模式和盈利能力等因素核定。

第十三条 核定为经营性项目的,项目建设单位应当按照国家有关固定资产投资项目资本管理的规定,筹集一定比例的非债务性资金作为项目资本。

在项目建设期间,项目资本的投资者除依法转让、依法终止外,不得以任何方式抽走出资。

经营性项目的投资者以实物、知识产权、土地使用权等非货币财产作价出资的,应当委托具有专业能力的资产评估机构依法评估作价。

第十四条 项目建设单位取得的财政资金,区分以下情况处理:

经营性项目具备企业法人资格的,按照国家有关企业财务规定处理。不具备企业法人资格的,属于国家直接投资的,作为项目国家资本管理;属于投资补助的,国家拨款时对权属有规定的,按照规定执行,没有规定的,由项目投资者享有;属于有偿性资助的,作为项目负债管理。

经营性项目取得的财政贴息,项目建设期间收到的,冲减项目建设成本;项目竣工后收到的,按照国家财务、会计制度的有关规定处理。

非经营性项目取得的财政资金,按照国家行政、事业单位财务、会计制度的有关规定处理。

第十五条 项目收到的社会捐赠,有捐赠协议或者捐赠者有指定要求的，按照协议或者要求处理；无协议和要求的，按照国家财务、会计制度的有关规定处理。

第三章 预算管理

第十六条 项目建设单位编制项目预算应当以批准的概算为基础，按照项目实际建设资金需求编制，并控制在批准的概算总投资规模、范围和标准以内。

项目建设单位应当细化项目预算，分解项目各年度预算和财政资金预算需求。涉及政府采购的，应当按照规定编制政府采购预算。

项目资金预算应当纳入项目主管部门的部门预算或者国有资本经营预算统一管理。列入部门预算的项目，一般应当从项目库中产生。

第十七条 项目建设单位应当根据项目概算、建设工期、年度投资和自筹资金计划、以前年度项目各类资金结转情况等，提出项目财政资金预算建议数，按照规定程序经项目主管部门审核汇总报财政部门。

项目建设单位根据财政部门下达的预算控制数编制预算，由项目主管部门审核汇总报财政部门，经法定程序审核批复后执行。

第十八条 项目建设单位应当严格执行项目财政资金预算。对发生停建、缓建、迁移、合并、分立、重大设计变更等变动事项和其他特殊情况确需调整的项目，项目建设单位应当按照规定程序报项目主管部门审核后，向财政部门申请调整项目财政资金预算。

第十九条 财政部门应当加强财政资金预算审核和执行管理，严格预算约束。

财政资金预算安排应当以项目以前年度财政资金预算执行情况、项目预算评审意见和绩效评价结果作为重要依据。项目财政资金未按预算要求执行的，按照有关规定调减或者收回。

第二十条 项目主管部门应当按照预算管理规定，督促和指导项目建设单位做好项目财政资金预算编制、执行和调整，严格审核项目财政资金预算、细化预算和预算调整的申请，及时掌握项目预算执行动态，跟踪分析项目进度，按照要求向财政部门报送执行情况。

第四章　建设成本管理

第二十一条　建设成本是指按照批准的建设内容由项目建设资金安排的各项支出，包括建筑安装工程投资支出、设备投资支出、待摊投资支出和其他投资支出。

建筑安装工程投资支出是指项目建设单位按照批准的建设内容发生的建筑工程和安装工程的实际成本。

设备投资支出是指项目建设单位按照批准的建设内容发生的各种设备的实际成本。

待摊投资支出是指项目建设单位按照批准的建设内容发生的，应当分摊计入相关资产价值的各项费用和税金支出。

其他投资支出是指项目建设单位按照批准的建设内容发生的房屋购置支出，基本畜禽、林木等的购置、饲养、培育支出，办公生活用家具、器具购置支出，软件研发和不能计入设备投资的软件购置等支出。

第二十二条　项目建设单位应当严格控制建设成本的范围、标准和支出责任，以下支出不得列入项目建设成本：

（一）超过批准建设内容发生的支出；

（二）不符合合同协议的支出；

（三）非法收费和摊派；

（四）无发票或者发票项目不全、无审批手续、无责任人员签字的支出；

（五）因设计单位、施工单位、供货单位等原因造成的工程报废等损失，以及未按照规定报经批准的损失；

（六）项目符合规定的验收条件之日起3个月后发生的支出；

（七）其他不属于本项目应当负担的支出。

第二十三条　财政资金用于项目前期工作经费部分，在项目批准建设后，列入项目建设成本。

没有被批准或者批准后又被取消的项目，财政资金如有结余，全部缴回国库。

第五章　基建收入管理

第二十四条　基建收入是指在基本建设过程中形成的各项工程建设副产品变价收入、负荷试车和试运行收入以及其他收入。

工程建设副产品变价收入包括矿山建设中的矿产品收入，油气、油田钻井建设中的原油气收入，林业工程建设中的路影材收入，以及其他项目建设过程中产生或者伴生的副产品、试验产品的变价收入。

负荷试车和试运行收入包括水利、电力建设移交生产前的供水、供电、供热收入，原材料、机电轻纺、农林建设移交生产前的产品收入，交通临时运营收入等。

其他收入包括项目总体建设尚未完成或者移交生产，但其中部分工程简易投产而发生的经营性收入等。

符合验收条件而未按照规定及时办理竣工验收的经营性项目所实现的收入，不得作为项目基建收入管理。

第二十五条　项目所取得的基建收入扣除相关费用并依法纳税后，其净收入按照国家财务、会计制度的有关规定处理。

第二十六条　项目发生的各项索赔、违约金等收入，首先用于弥补工程损失，结余部分按照国家财务、会计制度的有关规定处理。

第六章　工程价款结算管理

第二十七条　工程价款结算是指依据基本建设工程发承包合同等进行工程预付款、进度款、竣工价款结算的活动。

第二十八条　项目建设单位应当严格按照合同约定和工程价款结算程序支付工程款。竣工价款结算一般应当在项目竣工验收后 2 个月内完成，大型项目一般不得超过 3 个月。

第二十九条 项目建设单位可以与施工单位在合同中约定按照不超过工程价款结算总额的3%预留工程质量保证金，待工程交付使用缺陷责任期满后清算。资信好的施工单位可以用银行保函替代工程质量保证金。

第三十条 项目主管部门应当会同财政部门加强工程价款结算的监督，重点审查工程招投标文件、工程量及各项费用的计取、合同协议、施工变更签证、人工和材料价差、工程索赔等。

第七章 竣工财务决算管理

第三十一条 项目竣工财务决算是正确核定项目资产价值、反映竣工项目建设成果的文件，是办理资产移交和产权登记的依据，包括竣工财务决算报表、竣工财务决算说明书以及相关材料。

项目竣工财务决算应当数字准确、内容完整。竣工财务决算的编制要求另行规定。

第三十二条 项目年度资金使用情况应当按照要求编入部门决算或者国有资本经营决算。

第三十三条 项目建设单位在项目竣工后，应当及时编制项目竣工财务决算，并按照规定报送项目主管部门。

项目设计、施工、监理等单位应当配合项目建设单位做好相关工作。

建设周期长、建设内容多的大型项目，单项工程竣工具备交付使用条件的，可以编报单项工程竣工财务决算，项目全部竣工后应当编报竣工财务总决算。

第三十四条 在编制项目竣工财务决算前，项目建设单位应当认真做好各项清理工作，包括账目核对及账务调整、财产物资核实处理、债权实现和债务清偿、档案资料归集整理等。

第三十五条 在编制项目竣工财务决算时，项目建设单位应当按照规定将待摊投资支出按合理比例分摊计入交付使用资产价值、转出投资价值和待核销基建支出。

第三十六条　项目竣工财务决算审核、批复管理职责和程序要求由同级财政部门确定。

第三十七条　财政部门和项目主管部门对项目竣工财务决算实行先审核、后批复的办法，可以委托预算评审机构或者有专业能力的社会中介机构进行审核。对符合条件的，应当在6个月内批复。

第三十八条　项目一般不得预留尾工工程，确需预留尾工工程的，尾工工程投资不得超过批准的项目概（预）算总投资的5%。

项目主管部门应当督促项目建设单位抓紧实施项目尾工工程，加强对尾工工程资金使用的监督管理。

第三十九条　已具备竣工验收条件的项目，应当及时组织验收，移交生产和使用。

第四十条　项目隶属关系发生变化时，应当按照规定及时办理财务关系划转，主要包括各项资金来源、已交付使用资产、在建工程、结余资金、各项债权及债务等的清理交接。

第八章　资产交付管理

第四十一条　资产交付是指项目竣工验收合格后，将形成的资产交付或者转交生产使用单位的行为。

交付使用的资产包括固定资产、流动资产、无形资产等。

第四十二条　项目竣工验收合格后应当及时办理资产交付使用手续，并依据批复的项目竣工财务决算进行账务调整。

第四十三条　非经营性项目发生的江河清障疏浚、航道整治、飞播造林、退耕还林（草）、封山（沙）育林（草）、水土保持、城市绿化、毁损道路修复、护坡及清理等不能形成资产的支出，以及项目未被批准、项目取消和项目报废前已发生的支出，作为待核销基建支出处理；形成资产产权归属本单位的，计入交付使用资产价值；形成资产产权不归属本单位的，作为转出投资处理。

非经营性项目发生的农村沼气工程、农村安全饮水工程、农村危房改造工程、游牧民定居工程、渔民上岸工程等涉及家庭或者个人的支出，形成资产产权归属家庭或者个人的，作为待核销基建支出处理；形成资产产权归属本单位的，计入交付使用资产价值；形成资产产权归属其他单位的，作为转出投资处理。

第四十四条 非经营性项目为项目配套建设的专用设施，包括专用道路、专用通讯设施、专用电力设施、地下管道等，产权归属本单位的，计入交付使用资产价值；产权不归属本单位的，作为转出投资处理。

非经营性项目移民安置补偿中由项目建设单位负责建设并形成的实物资产，产权归属集体或者单位的，作为转出投资处理；产权归属移民的，作为待核销基建支出处理。

第四十五条 经营性项目发生的项目取消和报废等不能形成资产的支出，以及设备采购和系统集成（软件）中包含的交付使用后运行维护等费用，按照国家财务、会计制度的有关规定处理。

第四十六条 经营性项目为项目配套建设的专用设施，包括专用铁路线、专用道路、专用通讯设施、专用电力设施、地下管道、专用码头等，项目建设单位应当与有关部门明确产权关系，并按照国家财务、会计制度的有关规定处理。

第九章 结余资金管理

第四十七条 结余资金是指项目竣工结余的建设资金，不包括工程抵扣的增值税进项税额资金。

第四十八条 经营性项目结余资金，转入单位的相关资产。

非经营性项目结余资金，首先用于归还项目贷款。如有结余，按照项目资金来源属于财政资金的部分，应当在项目竣工验收合格后3个月内，按照预算管理制度有关规定收回财政。

第四十九条 项目终止、报废或者未按照批准的建设内容建设形成的剩余建设资金中，按照项目实际资金来源比例确认的财政资金应当收回财政。

第十章　绩效评价

第五十条　项目绩效评价是指财政部门、项目主管部门根据设定的项目绩效目标，运用科学合理的评价方法和评价标准，对项目建设全过程中资金筹集、使用及核算的规范性、有效性，以及投入运营效果等进行评价的活动。

第五十一条　项目绩效评价应当坚持科学规范、公正公开、分级分类和绩效相关的原则，坚持经济效益、社会效益和生态效益相结合的原则。

第五十二条　项目绩效评价应当重点对项目建设成本、工程造价、投资控制、达产能力与设计能力差异、偿债能力、持续经营能力等实施绩效评价，根据管理需要和项目特点选用社会效益指标、财务效益指标、工程质量指标、建设工期指标、资金来源指标、资金使用指标、实际投资回收期指标、实际单位生产(营运)能力投资指标等评价指标。

第五十三条　财政部门负责制定项目绩效评价管理办法，对项目绩效评价工作进行指导和监督，选择部分项目开展重点绩效评价，依法公开绩效评价结果。绩效评价结果作为项目财政资金预算安排和资金拨付的重要依据。

第五十四条　项目主管部门会同财政部门按照有关规定，制定本部门或者本行业项目绩效评价具体实施办法，建立具体的绩效评价指标体系，确定项目绩效目标，具体组织实施本部门或者本行业绩效评价工作，并向财政部门报送绩效评价结果。

第十一章　监督管理

第五十五条　项目监督管理主要包括对项目资金筹集与使用、预算编制与执行、建设成本控制、工程价款结算、竣工财务决算编报审核、资产交付等的监督管理。

第五十六条　项目建设单位应当建立、健全内部控制和项目财务信息报告制度，依法接受财政部门和项目主管部门等的财务监督管理。

第五十七条 财政部门和项目主管部门应当加强项目的监督管理，采取事前、事中、事后相结合，日常监督与专项监督相结合的方式，对项目财务行为实施全过程监督管理。

第五十八条 财政部门应当加强对基本建设财政资金形成的资产的管理，按照规定对项目资产开展登记、核算、评估、处置、统计、报告等资产管理基础工作。

第五十九条 各级财政部门、项目主管部门和项目建设单位及其工作人员在基本建设财务管理过程中，存在违反本规则规定的行为，以及其他滥用职权、玩忽职守、徇私舞弊等违法违纪行为的，依照《中华人民共和国预算法》、《中华人民共和国公务员法》、《中华人民共和国行政监察法》、《财政违法行为处罚处分条例》等国家有关规定追究相应责任；涉嫌犯罪的，依法移送司法机关处理。

第十二章 附 则

第六十条 接受国家经常性资助的社会力量举办的公益服务性组织和社会团体的基本建设财务行为，以及非国有企业使用财政资金的基本建设财务行为，参照本规则执行。

使用外国政府及国际金融组织贷款的基本建设财务行为执行本规则。国家另有规定的，从其规定。

第六十一条 项目建设内容仅为设备购置的，不执行本规则；项目建设内容以设备购置、房屋及其他建筑物购置为主并附有部分建筑安装工程的，可以简化执行本规则。

经营性项目的项目资本中，财政资金所占比例未超过50%的，项目建设单位可以简化执行本规则，但应当按照要求向财政部门、项目主管部门报送相关财务资料。国家另有规定的，从其规定。

第六十二条 中央项目主管部门和各省、自治区、直辖市、计划单列市财政厅（局）可以根据本规则，结合本行业、本地区的项目情况，制定具体实施办法并报财政部备案。

第六十三条　本规则自 2016 年 9 月 1 日起施行。2002 年 9 月 27 日财政部发布的《基本建设财务管理规定》（财建〔2002〕394 号）及其解释同时废止。

本规则施行前财政部制定的有关规定与本规则不一致的，按照本规则执行。《企业财务通则》（财政部令第 41 号）、《金融企业财务规则》（财政部令第 42 号）、《事业单位财务规则》（财政部令第 68 号）和《行政单位财务规则》（财政部令第 71 号）另有规定的，从其规定。

行政事业单位内部控制规范(试行)

(财会〔2012〕21 号)(2012 年 11 月 29 日)

第一章　总　　则

第一条　为了进一步提高行政事业单位内部管理水平,规范内部控制,加强廉政风险防控机制建设,根据《中华人民共和国会计法》、《中华人民共和国预算法》等法律法规和相关规定,制定本规范。

第二条　本规范适用于各级党的机关、人大机关、行政机关、政协机关、审判机关、检察机关、各民主党派机关、人民团体和事业单位(以下统称单位)经济活动的内部控制。

第三条　本规范所称内部控制,是指单位为实现控制目标,通过制定制度、实施措施和执行程序,对经济活动的风险进行防范和管控。

第四条　单位内部控制的目标主要包括:合理保证单位经济活动合法合规、资产安全和使用有效、财务信息真实完整,有效防范舞弊和预防腐败,提高公共服务的效率和效果。

第五条　单位建立与实施内部控制,应当遵循下列原则:

(一)全面性原则。内部控制应当贯穿单位经济活动的决策、执行和监督全过程,实现对经济活动的全面控制。

(二)重要性原则。在全面控制的基础上,内部控制应当关注单位重要经济活动和经济活动的重大风险。

(三)制衡性原则。内部控制应当在单位内部的部门管理、职责分工、业务流程等方面形成相互制约和相互监督。

(四)适应性原则。内部控制应当符合国家有关规定和单位的实际情况,并随着外部环境的变化、单位经济活动的调整和管理要求的提高,不断修订和完善。

第六条　单位负责人对本单位内部控制的建立健全和有效实施负责。

第七条　单位应当根据本规范建立适合本单位实际情况的内部控制体系，并组织实施。具体工作包括梳理单位各类经济活动的业务流程，明确业务环节，系统分析经济活动风险，确定风险点，选择风险应对策略，在此基础上根据国家有关规定建立健全单位各项内部管理制度并督促相关工作人员认真执行。

第二章　风险评估和控制方法

第八条　单位应当建立经济活动风险定期评估机制，对经济活动存在的风险进行全面、系统和客观评估。

经济活动风险评估至少每年进行一次；外部环境、经济活动或管理要求等发生重大变化的，应及时对经济活动风险进行重估。

第九条　单位开展经济活动风险评估应当成立风险评估工作小组，单位领导担任组长。

经济活动风险评估结果应当形成书面报告并及时提交单位领导班子，作为完善内部控制的依据。

第十条　单位进行单位层面的风险评估时，应当重点关注以下方面：

（一）内部控制工作的组织情况。包括是否确定内部控制职能部门或牵头部门；是否建立单位各部门在内部控制中的沟通协调和联动机制。

（二）内部控制机制的建设情况。包括经济活动的决策、执行、监督是否实现有效分离；权责是否对等；是否建立健全议事决策机制、岗位责任制、内部监督等机制。

（三）内部管理制度的完善情况。包括内部管理制度是否健全；执行是否有效。

（四）内部控制关键岗位工作人员的管理情况。包括是否建立工作人员的培训、评价、轮岗等机制；工作人员是否具备相应的资格和能力。

（五）财务信息的编报情况。包括是否按照国家统一的会计制度对经济业务事项进行账务处理；是否按照国家统一的会计制度编制财务会计报告。

（六）其他情况。

第十一条 单位进行经济活动业务层面的风险评估时，应当重点关注以下方面：

（一）预算管理情况。包括在预算编制过程中单位内部各部门间沟通协调是否充分，预算编制与资产配置是否相结合、与具体工作是否相对应；是否按照批复的额度和开支范围执行预算，进度是否合理，是否存在无预算、超预算支出等问题；决算编报是否真实、完整、准确、及时。

（二）收支管理情况。包括收入是否实现归口管理，是否按照规定及时向财会部门提供收入的有关凭据，是否按照规定保管和使用印章和票据等；发生支出事项时是否按照规定审核各类凭据的真实性、合法性，是否存在使用虚假票据套取资金的情形。

（三）政府采购管理情况。包括是否按照预算和计划组织政府采购业务；是否按照规定组织政府采购活动和执行验收程序；是否按照规定保存政府采购业务相关档案。

（四）资产管理情况。包括是否实现资产归口管理并明确使用责任；是否定期对资产进行清查盘点，对账实不符的情况及时进行处理；是否按照规定处置资产。

（五）建设项目管理情况。包括是否按照概算投资；是否严格履行审核审批程序；是否建立有效的招投标控制机制；是否存在截留、挤占、挪用、套取建设项目资金的情形；是否按照规定保存建设项目相关档案并及时办理移交手续。

（六）合同管理情况。包括是否实现合同归口管理；是否明确应签订合同的经济活动范围和条件；是否有效监控合同履行情况，是否建立合同纠纷协调机制。

（七）其他情况。

第十二条 单位内部控制的控制方法一般包括：

（一）不相容岗位相互分离。合理设置内部控制关键岗位，明确划分职责权限，实施相应的分离措施，形成相互制约、相互监督的工作机制。

（二）内部授权审批控制。明确各岗位办理业务和事项的权限范围、审批程序和相关责任，建立重大事项集体决策和会签制度。相关工作人员应当在授权范围内行使职权、办理业务。

（三）归口管理。根据本单位实际情况，按照权责对等的原则，采取成立联合工作小组并确定牵头部门或牵头人员等方式，对有关经济活动实行统一管理。

（四）预算控制。强化对经济活动的预算约束，使预算管理贯穿于单位经济活动的全过程。

（五）财产保护控制。建立资产日常管理制度和定期清查机制，采取资产记录、实物保管、定期盘点、账实核对等措施，确保资产安全完整。

（六）会计控制。建立健全本单位财会管理制度，加强会计机构建设，提高会计人员业务水平，强化会计人员岗位责任制，规范会计基础工作，加强会计档案管理，明确会计凭证、会计账簿和财务会计报告处理程序。

（七）单据控制。要求单位根据国家有关规定和单位的经济活动业务流程，在内部管理制度中明确界定各项经济活动所涉及的表单和票据，要求相关工作人员按照规定填制、审核、归档、保管单据。

（八）信息内部公开。建立健全经济活动相关信息内部公开制度，根据国家有关规定和单位的实际情况，确定信息内部公开的内容、范围、方式和程序。

第三章　单位层面内部控制

第十三条　单位应当单独设置内部控制职能部门或者确定内部控制牵头部门，负责组织协调内部控制工作。同时，应当充分发挥财会、内部审计、纪检监察、政府采购、基建、资产管理等部门或岗位在内部控制中的作用。

第十四条　单位经济活动的决策、执行和监督应当相互分离。单位应当建立健全集体研究、专家论证和技术咨询相结合的议事决策机制。

重大经济事项的内部决策，应当由单位领导班子集体研究决定。重大经济事项的认定标准应当根据有关规定和本单位实际情况确定，一经确定，不得随意变更。

第十五条　单位应当建立健全内部控制关键岗位责任制，明确岗位职责及分工，确保不相容岗位相互分离、相互制约和相互监督。单位应当实行内部控制关键岗位工作人员的轮岗制度，明确轮岗周期。不具备轮岗条件的单位应当采取专项审计等控制措施。

内部控制关键岗位主要包括预算业务管理、收支业务管理、政府采购业务管理、资产管理、建设项目管理、合同管理以及内部监督等经济活动的关键岗位。

第十六条　内部控制关键岗位工作人员应当具备与其工作岗位相适应的资格和能力。

单位应当加强内部控制关键岗位工作人员业务培训和职业道德教育，不断提升其业务水平和综合素质。

第十七条　单位应当根据《中华人民共和国会计法》的规定建立会计机构，配备具有相应资格和能力的会计人员。单位应当根据实际发生的经济业务事项按照国家统一的会计制度及时进行账务处理、编制财务会计报告，确保财务信息真实、完整。

第十八条　单位应当充分运用现代科学技术手段加强内部控制。对信息系统建设实施归口管理，将经济活动及其内部控制流程嵌入单位信息系统中，减少或消除人为操纵因素，保护信息安全。

第四章　业务层面内部控制

第一节　预算业务控制

第十九条　单位应当建立健全预算编制、审批、执行、决算与评价等预算内部管理制度。

单位应当合理设置岗位，明确相关岗位的职责权限，确保预算编制、审批、执行、评价等不相容岗位相互分离。

第二十条　单位的预算编制应当做到程序规范、方法科学、编制及时、内容完整、项目细化、数据准确。

（一）单位应当正确把握预算编制有关政策，确保预算编制相关人员及时全面掌握相关规定。

（二）单位应当建立内部预算编制、预算执行、资产管理、基建管理、人事管理等部门或岗位的沟通协调机制，按照规定进行项目评审，确保预算编制部门及时取得和有效运用与预算编制相关的信息，根据工作计划细化预算编制，提高预算编制的科学性。

第二十一条　单位应当根据内设部门的职责和分工，对按照法定程序批复的预算在单位内部进行指标分解、审批下达，规范内部预算追加调整程序，发挥预算对经济活动的管控作用。

第二十二条　单位应当根据批复的预算安排各项收支，确保预算严格有效执行。

单位应当建立预算执行分析机制。定期通报各部门预算执行情况，召开预算执行分析会议，研究解决预算执行中存在的问题，提出改进措施，提高预算执行的有效性。

第二十三条　单位应当加强决算管理，确保决算真实、完整、准确、及时，加强决算分析工作，强化决算分析结果运用，建立健全单位预算与决算相互反映、相互促进的机制。

第二十四条　单位应当加强预算绩效管理，建立“预算编制有目标、预算执行有监控、预算完成有评价、评价结果有反馈、反馈结果有应用”的全过程预算绩效管理机制。

第二节　收支业务控制

第二十五条　单位应当建立健全收入内部管理制度。

单位应当合理设置岗位，明确相关岗位的职责权限，确保收款、会计核算等不相容岗位相互分离。

第二十六条　单位的各项收入应当由财会部门归口管理并进行会计核算，严禁设立账外账。

业务部门应当在涉及收入的合同协议签订后及时将合同等有关材料提交财会部门作为账务处理依据，确保各项收入应收尽收，及时入账。财会部门应当定期检查收入金额是否与合同约定相符；对应收未收项目应当查明情况，明确责任主体，落实催收责任。

第二十七条　有政府非税收入收缴职能的单位，应当按照规定项目和标准征收政府非税收入，按照规定开具财政票据，做到收缴分离、票款一致，并及时、足额上缴国库或财政专户，不得以任何形式截留、挪用或者私分。

第二十八条　单位应当建立健全票据管理制度。财政票据、发票等各类票据的申领、启用、核销、销毁均应履行规定手续。单位应当按照规定设置票据专管员，建立票据台账，做好票据的保管和序时登记工作。票据应当按照顺序号使用，不得拆本使用，做好废旧票据管理。负责保管票据的人员要配置单独的保险柜等保管设备，并做到人走柜锁。

单位不得违反规定转让、出借、代开、买卖财政票据、发票等票据，不得擅自扩大票据适用范围。

第二十九条　单位应当建立健全支出内部管理制度，确定单位经济活动的各项支出标准，明确支出报销流程，按照规定办理支出事项。单位应当合理设置岗位，明确相关岗位的职责权限，确保支出申请和内部审批、付款审批和付款执行、业务经办和会计核算等不相容岗位相互分离。

第三十条　单位应当按照支出业务的类型，明确内部审批、审核、支付、核算和归档等支出各关键岗位的职责权限。实行国库集中支付的，应当严格按照财政国库管理制度有关规定执行。

（一）加强支出审批控制。明确支出的内部审批权限、程序、责任和相关控制措施。审批人应当在授权范围内审批，不得越权审批。

（二）加强支出审核控制。全面审核各类单据。重点审核单据来源是否合法，内容是否真实、完整，使用是否准确，是否符合预算，审批手续是否齐全。

支出凭证应当附反映支出明细内容的原始单据，并由经办人员签字或盖章，超出规定标准的支出事项应由经办人员说明原因并附审批依据，确保与经济业务事项相符。

（三）加强支付控制。明确报销业务流程，按照规定办理资金支付手续。签发的支付凭证应当进行登记。使用公务卡结算的，应当按照公务卡使用和管理有关规定办理业务。

（四）加强支出的核算和归档控制。由财会部门根据支出凭证及时准确登记账簿；与支出业务相关的合同等材料应当提交财会部门作为账务处理的依据。

第三十一条　根据国家规定可以举借债务的单位应当建立健全债务内部管理制度，明确债务管理岗位的职责权限，不得由一人办理债务业务的全过程。大额债务的举借和偿还属于重大经济事项，应当进行充分论证，并由单位领导班子集体研究决定。

单位应当做好债务的会计核算和档案保管工作。加强债务的对账和检查控制，定期与债权人核对债务余额，进行债务清理，防范和控制财务风险。

第三节　政府采购业务控制

第三十二条　单位应当建立健全政府采购预算与计划管理、政府采购活动管理、验收管理等政府采购内部管理制度。

第三十三条　单位应当明确相关岗位的职责权限，确保政府采购需求制定与内部审批、招标文件准备与复核、合同签订与验收、验收与保管等不相容岗位相互分离。

第三十四条 单位应当加强对政府采购业务预算与计划的管理。建立预算编制、政府采购和资产管理等部门或岗位之间的沟通协调机制。根据本单位实际需求和相关标准编制政府采购预算，按照已批复的预算安排政府采购计划。

第三十五条 单位应当加强对政府采购活动的管理。对政府采购活动实施归口管理，在政府采购活动中建立政府采购、资产管理、财会、内部审计、纪检监察等部门或岗位相互协调、相互制约的机制。

单位应当加强对政府采购申请的内部审核，按照规定选择政府采购方式、发布政府采购信息。对政府采购进口产品、变更政府采购方式等事项应当加强内部审核，严格履行审批手续。

第三十六条 单位应当加强对政府采购项目验收的管理。根据规定的验收制度和政府采购文件，由指定部门或专人对所购物品的品种、规格、数量、质量和其他相关内容进行验收，并出具验收证明。

第三十七条 单位应当加强对政府采购业务质疑投诉答复的管理。指定牵头部门负责、相关部门参加，按照国家有关规定做好政府采购业务质疑投诉答复工作。

第三十八条 单位应当加强对政府采购业务的记录控制。妥善保管政府采购预算与计划、各类批复文件、招标文件、投标文件、评标文件、合同文本、验收证明等政府采购业务相关资料。定期对政府采购业务信息进行分类统计，并在内部进行通报。

第三十九条 单位应当加强对涉密政府采购项目安全保密的管理。对于涉密政府采购项目，单位应当与相关供应商或采购中介机构签订保密协议或者在合同中设定保密条款。

第四节　资产控制

第四十条 单位应当对资产实行分类管理，建立健全资产内部管理制度。

单位应当合理设置岗位，明确相关岗位的职责权限，确保资产安全和有效使用。

第四十一条　单位应当建立健全货币资金管理岗位责任制，合理设置岗位，不得由一人办理货币资金业务的全过程，确保不相容岗位相互分离。

（一）出纳不得兼管稽核、会计档案保管和收入、支出、债权、债务账目的登记工作。

（二）严禁一人保管收付款项所需的全部印章。财务专用章应当由专人保管，个人名章应当由本人或其授权人员保管。负责保管印章的人员要配置单独的保管设备，并做到人走柜锁。

（三）按照规定应当由有关负责人签字或盖章的，应当严格履行签字或盖章手续。

第四十二条　单位应当加强对银行账户的管理，严格按照规定的审批权限和程序开立、变更和撤销银行账户。

第四十三条　单位应当加强货币资金的核查控制。指定不办理货币资金业务的会计人员定期和不定期抽查盘点库存现金，核对银行存款余额，抽查银行对账单、银行日记账及银行存款余额调节表，核对是否账实相符、账账相符。对调节不符、可能存在重大问题的未达账项应当及时查明原因，并按照相关规定处理。

第四十四条　单位应当加强对实物资产和无形资产的管理，明确相关部门和岗位的职责权限，强化对配置、使用和处置等关键环节的管控。

（一）对资产实施归口管理。明确资产使用和保管责任人，落实资产使用人在资产管理中的责任。贵重资产、危险资产、有保密等特殊要求的资产，应当指定专人保管、专人使用，并规定严格的接触限制条件和审批程序。

（二）按照国有资产管理相关规定，明确资产的调剂、租借、对外投资、处置的程序、审批权限和责任。

（三）建立资产台账，加强资产的实物管理。单位应当定期清查盘点资产，确保账实相符。财会、资产管理、资产使用等部门或岗位应当定期对账，发现不符的，应当及时查明原因，并按照相关规定处理。

（四）建立资产信息管理系统，做好资产的统计、报告、分析工作，实现对资产的动态管理。

第四十五条 单位应当根据国家有关规定加强对对外投资的管理。

（一）合理设置岗位，明确相关岗位的职责权限，确保对外投资的可行性研究与评估、对外投资决策与执行、对外投资处置的审批与执行等不相容岗位相互分离。

（二）单位对外投资，应当由单位领导班子集体研究决定。

（三）加强对投资项目的追踪管理，及时、全面、准确地记录对外投资的价值变动和投资收益情况。

（四）建立责任追究制度。对在对外投资中出现重大决策失误、未履行集体决策程序和不按规定执行对外投资业务的部门及人员，应当追究相应的责任。

第五节 建设项目控制

第四十六条 单位应当建立健全建设项目内部管理制度。

单位应当合理设置岗位，明确内部相关部门和岗位的职责权限，确保项目建议和可行性研究与项目决策、概预算编制与审核、项目实施与价款支付、竣工决算与竣工审计等不相容岗位相互分离。

第四十七条 单位应当建立与建设项目相关的议事决策机制，严禁任何个人单独决策或者擅自改变集体决策意见。决策过程及各方面意见应当形成书面文件，与相关资料一同妥善归档保管。

第四十八条 单位应当建立与建设项目相关的审核机制。项目建议书、可行性研究报告、概预算、竣工决算报告等应当由单位内部的规划、技术、财会、法律等相关工作人员或者根据国家有关规定委托具有相应资质的中介机构进行审核，出具评审意见。

第四十九条　单位应当依据国家有关规定组织建设项目招标工作，并接受有关部门的监督。

单位应当采取签订保密协议、限制接触等必要措施，确保标底编制、评标等工作在严格保密的情况下进行。

第五十条　单位应当按照审批单位下达的投资计划和预算对建设项目资金实行专款专用，严禁截留、挪用和超批复内容使用资金。财会部门应当加强与建设项目承建单位的沟通，准确掌握建设进度，加强价款支付审核，按照规定办理价款结算。实行国库集中支付的建设项目，单位应当按照财政国库管理制度相关规定支付资金。

第五十一条　单位应当加强对建设项目档案的管理。做好相关文件、材料的收集、整理、归档和保管工作。

第五十二条　经批准的投资概算是工程投资的最高限额，如有调整，应当按照国家有关规定报经批准。

单位建设项目工程洽商和设计变更应当按照有关规定履行相应的审批程序。

第五十三条　建设项目竣工后，单位应当按照规定的时限及时办理竣工决算，组织竣工决算审计，并根据批复的竣工决算和有关规定办理建设项目档案和资产移交等工作。

建设项目已实际投入使用但超时限未办理竣工决算的，单位应当根据对建设项目的实际投资暂估入账，转作相关资产管理。

第六节　合同控制

第五十四条　单位应当建立健全合同内部管理制度。

单位应当合理设置岗位，明确合同的授权审批和签署权限，妥善保管和使用合同专用章，严禁未经授权擅自以单位名义对外签订合同，严禁违规签订担保、投资和借贷合同。

单位应当对合同实施归口管理，建立财会部门与合同归口管理部门的沟通协调机制，实现合同管理与预算管理、收支管理相结合。

第五十五条 单位应当加强对合同订立的管理，明确合同订立的范围和条件。对于影响重大、涉及较高专业技术或法律关系复杂的合同，应当组织法律、技术、财会等工作人员参与谈判，必要时可聘请外部专家参与相关工作。谈判过程中的重要事项和参与谈判人员的主要意见，应当予以记录并妥善保管。

第五十六条 单位应当对合同履行情况实施有效监控。合同履行过程中，因对方或单位自身原因导致可能无法按时履行的，应当及时采取应对措施。

单位应当建立合同履行监督审查制度。对合同履行中签订补充合同，或变更、解除合同等应当按照国家有关规定进行审查。

第五十七条 财会部门应当根据合同履行情况办理价款结算和进行账务处理。未按照合同条款履约的，财会部门应当在付款之前向单位有关负责人报告。

第五十八条 合同归口管理部门应当加强对合同登记的管理，定期对合同进行统计、分类和归档，详细登记合同的订立、履行和变更情况，实行对合同的全过程管理。与单位经济活动相关的合同应当同时提交财会部门作为账务处理的依据。

单位应当加强合同信息安全保密工作，未经批准，不得以任何形式泄露合同订立与履行过程中涉及的国家秘密、工作秘密或商业秘密。

第五十九条 单位应当加强对合同纠纷的管理。合同发生纠纷的，单位应当在规定时效内与对方协商谈判。合同纠纷协商一致的，双方应当签订书面协议；合同纠纷经协商无法解决的，经办人员应向单位有关负责人报告，并根据合同约定选择仲裁或诉讼方式解决。

第五章　评价与监督

第六十条 单位应当建立健全内部监督制度，明确各相关部门或岗位在内部监督中的职责权限，规定内部监督的程序和要求，对内部控制建立与实施情况进行内部监督检查和自我评价。

内部监督应当与内部控制的建立和实施保持相对独立。

第六十一条　内部审计部门或岗位应当定期或不定期检查单位内部管理制度和机制的建立与执行情况，以及内部控制关键岗位及人员的设置情况等，及时发现内部控制存在的问题并提出改进建议。

第六十二条　单位应当根据本单位实际情况确定内部监督检查的方法、范围和频率。

第六十三条　单位负责人应当指定专门部门或专人负责对单位内部控制的有效性进行评价并出具单位内部控制自我评价报告。

第六十四条　国务院财政部门及其派出机构和县级以上地方各级人民政府财政部门应当对单位内部控制的建立和实施情况进行监督检查，有针对性地提出检查意见和建议，并督促单位进行整改。

国务院审计机关及其派出机构和县级以上地方各级人民政府审计机关对单位进行审计时，应当调查了解单位内部控制建立和实施的有效性，揭示相关内部控制的缺陷，有针对性地提出审计处理意见和建议，并督促单位进行整改。

第六章　附　　则

第六十五条　本规范自 2014 年 1 月 1 日起施行。

党政机关厉行节约反对浪费条例

（中发〔2013〕13号）（2013年11月18日）

第一章 总 则

第一条 为了进一步弘扬艰苦奋斗、勤俭节约的优良作风，推进党政机关厉行节约反对浪费，建设节约型机关，根据国家有关法律法规和中央有关规定，制定本条例。

第二条 本条例适用于党的机关、人大机关、行政机关、政协机关、审判机关、检察机关，以及工会、共青团、妇联等人民团体和参照公务员法管理的事业单位。

第三条 本条例所称浪费，是指党政机关及其工作人员违反规定进行不必要的公务活动，或者在履行公务中超出规定范围、标准和要求，不当使用公共资金、资产和资源，给国家和社会造成损失的行为。

第四条 党政机关厉行节约反对浪费，应当遵循下列原则：坚持从严从简，勤俭办一切事业，降低公务活动成本；坚持依法依规，遵守国家法律法规和党内法规制度的相关规定，严格按程序办事；坚持总量控制，科学设定相关标准，严格控制经费支出总额，加强厉行节约绩效考评；坚持实事求是，从实际出发安排公务活动，取消不必要的公务活动，保证正常公务活动；坚持公开透明，除涉及国家秘密事项外，公务活动中的资金、资产、资源使用等情况应予公开，接受各方面监督；坚持深化改革，通过改革创新破解体制机制障碍，建立健全厉行节约反对浪费工作长效机制。

第五条 中共中央办公厅、国务院办公厅负责统筹协调、指导检查全国党政机关厉行节约反对浪费工作，建立协调联络机制承办具体事务。地方各级党委办公厅（室）、政府办公厅（室）负责指导检查本地区党政机关厉行节约反对浪费工作。

纪检监察机关和组织人事、宣传、外事、发展改革、财政、审计、机关事务管理等部门根据职责分工，依法依规履行对厉行节约反对浪费相关工作的管理、监督等职责。

第六条　各级党委和政府应当加强对厉行节约反对浪费工作的组织领导。党政机关领导班子主要负责人对本地区、本部门、本单位的厉行节约反对浪费工作负总责，其他成员根据工作分工，对职责范围内的厉行节约反对浪费工作负主要领导责任。

第二章　经费管理

第七条　党政机关应当加强预算编制管理，按照综合预算的要求，将各项收入和支出全部纳入部门预算。

党政机关依法取得的罚没收入、行政事业性收费、政府性基金、国有资产收益和处置等非税收入，必须按规定及时足额上缴国库，严禁以任何形式隐瞒、截留、挤占、挪用、坐支或者私分，严禁转移到机关所属工会、培训中心、服务中心等单位账户使用。

第八条　党政机关应当遵循先有预算、后有支出的原则，严格执行预算，严禁超预算或者无预算安排支出，严禁虚列支出、转移或者套取预算资金。

严格控制国内差旅费、因公临时出国（境）费、公务接待费、公务用车购置及运行费、会议费、培训费等支出。年度预算执行中不予追加，因特殊需要确需追加的，由财政部门审核后按程序报批。

建立预算执行全过程动态监控机制，完善预算执行管理办法，建立健全预算绩效管理体系，增强预算执行的严肃性，提高预算执行的准确率，防止年底突击花钱等现象发生。

第九条　推进政府会计改革，进一步健全会计制度，准确核算机关运行经费，全面反映行政成本。

第十条　财政部门应当会同有关部门，根据国内差旅、因公临时出国（境）、公务接待、会议、培训等工作特点，综合考虑经济发展水平、有关货物和服务的市场价格水平，制定分地区的公务活动经费开支范围和开支标准。

加强相关开支标准之间的衔接，建立开支标准调整机制，定期根据有关货物和服务的市场价格变动情况调整相关开支标准，增强开支标准的协调性、规范性、科学性。

严格开支范围和标准，严格支出报销审核，不得报销任何超范围、超标准以及与相关公务活动无关的费用。

第十一条 全面实行公务卡制度。健全公务卡强制结算目录，党政机关国内发生的公务差旅费、公务接待费、公务用车购置及运行费、会议费、培训费等经费支出，除按规定实行财政直接支付或者银行转账外，应当使用公务卡结算。

第十二条 党政机关采购货物、工程和服务，应当遵循公开透明、公平竞争、诚实信用原则。

政府采购应当依法完整编制采购预算，严格执行经费预算和资产配置标准，合理确定采购需求，不得超标准采购，不得超出办公需要采购服务。

严格执行政府采购程序，不得违反规定以任何方式和理由指定或者变相指定品牌、型号、产地。采购公开招标数额标准以上的货物、工程和服务，应当进行公开招标，确需改变采购方式的，应当严格执行有关公示和审批程序。列入政府集中采购目录范围的，应当委托集中采购机构代理采购，并逐步实行批量集中采购。严格控制协议供货采购的数量和规模，不得以协议供货拆分项目的方式规避公开招标。

党政机关应当按照政府采购合同规定的采购需求组织验收。政府采购监督管理部门应当逐步建立政府采购结果评价制度，对政府采购的资金节约、政策效能、透明程度以及专业化水平进行综合、客观评价。

加快政府采购管理交易平台建设，推进电子化政府采购。

第三章 国内差旅和因公临时出国(境)

第十三条 党政机关应当建立健全并严格执行国内差旅内部审批制度,从严控制国内差旅人数和天数,严禁无明确公务目的的差旅活动,严禁以公务差旅为名变相旅游,严禁异地部门间无实质内容的学习交流和考察调研。

第十四条 国内差旅人员应当严格按规定乘坐交通工具、住宿、就餐,费用由所在单位承担。

差旅人员住宿、就餐由接待单位协助安排的,必须按标准交纳住宿费、餐费。差旅人员不得向接待单位提出正常公务活动以外的要求,不得接受礼金、礼品和土特产品等。

第十五条 统筹安排年度因公临时出国计划,严格控制团组数量和规模,不得安排照顾性、无实质内容的一般性出访,不得安排考察性出访,严禁集中安排赴热门国家和地区出访,严禁以各种名义变相公款出国旅游。严格执行因公临时出国限量管理规定,不得把出国作为个人待遇、安排轮流出国。严格控制跨地区、跨部门团组。

组织、外专等有关部门应当加强出国培训总体规划和监督管理,严格控制出国培训规模,科学设置培训项目,择优选派培训对象,提高出国培训的质量和实效。

第十六条 外事管理部门应当加强因公临时出国审核审批管理,对违反规定、不适合成行的团组予以调整或者取消。

加强因公临时出国经费预算总额控制,严格执行经费先行审核制度。无出国经费预算安排的不予批准,确有特殊需要的,按规定程序报批。严禁违反规定使用出国经费预算以外资金作为出国经费,严禁向所属单位、企业、我国驻外机构等摊派或者转嫁出国费用。

第十七条 出国团组应当按规定标准安排交通工具和食宿,不得违反规定乘坐民航包机,不得乘坐私人、企业和外国航空公司包机,不得安排超标准住房和用车,不得擅自增加出访国家或者地区,不得擅自绕道旅行,不得擅自延长在国外停留时间。

出国期间，不得与我国驻外机构和其他中资机构、企业之间用公款互赠礼品或者纪念品，不得用公款相互宴请。

第十八条 严格根据工作需要编制出境计划，加强因公出境审批和管理，不得安排出境考察，不得组织无实质内容的调研、会议、培训等活动。

严格遵守因公出境经费预算、支出、使用、核算等财务制度，不得接受超标准接待和高消费娱乐，不得接受礼金、贵重礼品、有价证券、支付凭证等。

第四章 公务接待

第十九条 建立健全国内公务接待集中管理制度。党政机关公务接待管理部门应当加强对国内公务接待工作的管理和指导。

第二十条 党政机关应当建立公务接待审批控制制度，对无公函的公务活动不予接待，严禁将非公务活动纳入接待范围。

第二十一条 党政机关应当严格执行国内公务接待标准，实行接待费支出总额控制制度。

接待单位应当严格按标准安排接待对象的住宿用房，协助安排用餐的按标准收取餐费，不得在接待费中列支应当由接待对象承担的费用，不得以举办会议、培训等名义列支、转移、隐匿接待费开支。

建立国内公务接待清单制度，如实反映接待对象、公务活动、接待费用等情况。接待清单作为财务报销的凭证之一并接受审计。

第二十二条 外宾接待工作应当遵循服务外交、友好对等、务实节俭的原则。外宾邀请单位应当严格按照有关规定安排接待活动，从严从紧控制外宾团组和接待费用。

第二十三条 有关部门和地方应当参照国内公务接待标准，制定招商引资等活动的接待办法，严格审批，强化管理，严禁超规格、超标准接待，严禁扩大接待范围、增加接待项目，严禁以招商引资等名义变相安排公务接待。

第二十四条 党政机关不得以任何名义新建、改建、扩建所属宾馆、招待所等具有接待功能的设施或者场所。

建立接待资源共享机制，推进机关所属接待、培训场所的集中统一管理和利用。健全服务经营机制，推行机关所属接待、培训场所企业化管理，降低服务经营成本。

积极推进国内公务接待服务社会化改革，有效利用社会资源为国内公务接待提供住宿、餐饮、用车等服务。

第五章　公务用车

第二十五条　坚持社会化、市场化方向，改革公务用车制度，合理有效配置公务用车资源，创新公务交通分类提供方式，保障公务出行，降低行政成本，建立符合国情的新型公务用车制度。

改革公务用车实物配给方式，取消一般公务用车，保留必要的执法执勤、机要通信、应急和特种专业技术用车及按规定配备的其他车辆。普通公务出行由公务人员自主选择，实行社会化提供。取消的一般公务用车，采取公开招标、拍卖等方式公开处置。

适度发放公务交通补贴，不得以车改补贴的名义变相发放福利。

第二十六条　党政机关应当从严配备实行定向化保障的公务用车，不得以特殊用途等理由变相超编制、超标准配备公务用车，不得以任何方式换用、借用、占用下属单位或者其他单位和个人的车辆，不得接受企事业单位和个人赠送的车辆。

严格按规定配备专车，不得擅自扩大专车配备范围或者变相配备专车。

从严控制执法执勤用车的配备范围、编制和标准。执法执勤用车配备应当严格限制在一线执法执勤岗位，机关内部管理和后勤岗位以及机关所属事业单位一律不得配备。

第二十七条　公务用车实行政府集中采购，应当选用国产汽车，优先选用新能源汽车。

公务用车严格按照规定年限更新，已到更新年限尚能继续使用的应当继续使用，不得因领导干部职务晋升、调任等原因提前更新。

公务用车保险、维修、加油等实行政府采购，降低运行成本。

第二十八条 除涉及国家安全、侦查办案等有保密要求的特殊工作用车外，执法执勤用车应当喷涂明显的统一标识。

第二十九条 根据公务活动需要，严格按规定使用公务用车，严禁以任何理由挪用或者固定给个人使用执法执勤、机要通信等公务用车，领导干部亲属和身边工作人员不得因私使用配备给领导干部的公务用车。

第六章 会议活动

第三十条 党政机关应当精简会议，严格执行会议费开支范围和标准。

党政机关会议实行分类管理、分级审批。财政部门应当会同机关事务管理等部门制定本级党政机关会议费管理办法，从严控制会议数量、会期和参会人员规模。完善并严格执行严禁党政机关到风景名胜区开会制度规定。

第三十一条 会议召开场所实行政府采购定点管理。会议住宿用房以标准间为主，用餐安排自助餐或者工作餐。

会议期间，不得安排宴请，不得组织旅游以及与会议无关的参观活动，不得以任何名义发放纪念品。

完善会议费报销制度。未经批准以及超范围、超标准开支的会议费用，一律不予报销。严禁违规使用会议费购置办公设备，严禁列支公务接待费等与会议无关的任何费用，严禁套取会议资金。

第三十二条 建立健全培训审批制度，严格控制培训数量、时间、规模，严禁以培训名义召开会议。

严格执行分类培训经费开支标准，严格控制培训经费支出范围，严禁在培训经费中列支公务接待费、会议费等与培训无关的任何费用。严禁以培训名义进行公款宴请、公款旅游活动。

第三十三条 未经批准，党政机关不得以公祭、历史文化、特色物产、单位成立、行政区划变更、工程奠基或者竣工等名义举办或者委托、指派其他单位举办各类节会、庆典活动，不得举办论坛、博览会、展会活动。严禁使用财政性资金举办营业性文艺晚会。从严控制举办大型综合性运动会和各类赛会。

经批准的节会、庆典、论坛、博览会、展会、运动会、赛会等活动，应当严格控制规模和经费支出，不得向下属单位摊派费用，不得借举办活动发放各类纪念品，不得超出规定标准支付费用邀请名人、明星参与活动。为举办活动专门配备的设备在活动结束后应当及时收回。

第三十四条　严格控制和规范各类评比达标表彰活动，实行中央和省（自治区、直辖市）两级审批制度。评比达标表彰项目费用由举办单位承担，不得以任何方式向相关单位和个人收取费用。

第七章　办公用房

第三十五条　党政机关办公用房建设应当从严控制。凡是违反规定的拟建办公用房项目，必须坚决终止；凡是未按照规定程序履行审批手续、擅自开工建设的办公用房项目，必须停建并予以没收；凡是超规模、超标准、超投资概算建设的办公用房项目，应当根据具体情况限期腾退超标准面积或者全部没收、拍卖。

党政机关办公用房应当严格管理，推进办公用房资源的公平配置和集约使用。凡是超过规定面积标准占有、使用办公用房以及未经批准租用办公用房的，必须腾退；凡是未经批准改变办公用房使用功能的，原则上应当恢复原使用功能。严禁出租出借办公用房，已经出租出借的，到期必须收回；租赁合同未到期的，租金收入应当按照收支两条线管理。

第三十六条　党政机关新建、改建、扩建、购置、置换、维修改造、租赁办公用房，必须严格按规定履行审批程序。采取置换方式配给办公用房的，应当执行新建办公用房各项标准，不得以未使用政府预算建设资金、资产整合等名义规避审批。

第三十七条　党政机关办公用房建设项目应当按照朴素、实用、安全、节能原则，严格执行办公用房建设标准、单位综合造价标准和公共建筑节能设计标准，符合土地利用和城市规划要求。党政机关办公楼不得追求成为城市地标建筑，严禁配套建设大型广场、公园等设施。

第三十八条 党政机关办公用房建设项目投资，统一由政府预算建设资金安排。土地收益和资产转让收益应当按照有关规定实行收支两条线管理，不得直接用于办公用房建设。

党政机关办公用房维修改造项目所需投资，统一列入预算由财政资金安排解决，未经审批的项目不得安排预算。

第三十九条 办公用房建设应当严格执行工程招投标和政府采购有关规定，加强对工程项目的全过程监理和审计监督。加快推行办公用房建设项目代建制。

办公用房因使用时间较长、设施设备老化、功能不全，不能满足办公需求的，可以进行维修改造。维修改造项目应当以消除安全隐患、恢复和完善使用功能、降低能源资源消耗为重点，严格履行审批程序，严格执行维修改造标准。

第四十条 建立健全办公用房集中统一管理制度，对办公用房实行统一调配、统一权属登记。

党政机关应当严格按照有关标准和本单位“三定”方案，从严核定、使用办公用房。超标部分应当移交同级机关事务管理部门用于统一调剂。

新建、调整办公用房的单位，应当按照“建新交旧”、“调新交旧”的原则，在搬入新建或者新调整办公用房的同时，将原办公用房腾退移交机关事务管理部门统一调剂使用。

因机构增设、职能调整确需增加办公用房的，应当在本单位现有办公用房中解决；本单位现有办公用房不能满足需要的，由机关事务管理部门整合办公用房资源调剂解决；无法调剂、确需租用解决的，应当严格履行报批手续，不得以变相补偿方式租用由企业等单位提供的办公用房。

第四十一条　党政机关领导干部应当按照标准配置使用一处办公用房，确因工作需要另行配置办公用房的，应当严格履行审批程序。领导干部不得长期租用宾馆、酒店房间作为办公用房。配置使用的办公用房，在退休或者调离时应当及时腾退并由原单位收回。

第八章　资源节约

第四十二条　党政机关应当节约集约利用资源，加强全过程节约管理，提高能源、水、粮食、办公家具、办公设备、办公用品等的利用效率和效益，统筹利用土地，杜绝浪费行为。

第四十三条　对能源、水的使用实行分类定额和目标责任管理。推广应用节能技术产品，淘汰高耗能设施设备，重点推广应用新能源和可再生能源。积极使用节水型器具，建设节水型单位。

健全节能产品政府采购政策，严格执行节能产品政府强制采购和优先采购制度。

第四十四条　优化办公家具、办公设备等资产的配置和使用，通过调剂方式盘活存量资产，节约购置资金。已到更新年限尚能继续使用的，不得报废处置。

对产生的非涉密废纸、废弃电器电子产品等废旧物品进行集中回收处理，促进循环利用；涉及国家秘密的，按照有关保密规定进行销毁。

第四十五条　党政机关政务信息系统建设应当统筹规划，统一组织实施，防止重复建设和频繁升级。

建立共享共用机制，加强资源整合，推动重要政务信息系统互联互通、信息共享和业务协同，降低软件开发、系统维护和升级等方面费用，防止资源浪费。

积极利用信息化手段，推行无纸化办公，减少一次性办公用品消耗。

第九章 宣传教育

第四十六条 宣传部门应当把厉行节约反对浪费作为重要宣传内容，充分发挥各级各类媒体作用，重视运用互联网等新兴媒体，通过新闻报道、文化作品、公益广告等形式，广泛宣传中华民族勤俭节约的优秀品德，宣传阐释相关制度规定，宣传推广厉行节约的经验做法和先进典型，倡导绿色低碳消费理念和健康文明生活方式。

第四十七条 党政机关应当把加强厉行节约反对浪费教育作为作风建设的重要内容，融入干部队伍建设和机关日常管理之中，建立健全常态化工作机制。对各种铺张浪费现象和行为，应当严肃批评、督促改正。

纪检监察机关应当不定期曝光铺张浪费的典型案例，发挥警示教育作用。

组织人事部门和党校、行政学院、干部学院应当把厉行节约反对浪费作为干部教育培训的重要内容，创新教育方法，切实增强教育培训的针对性和实效性。

第四十八条 党政机关应当围绕建设节约型机关，组织开展形式多样、便于参与的活动，引导干部职工增强节约意识、珍惜物力财力，积极培育和形成崇尚节约、厉行节约、反对浪费的机关文化，为在全社会形成节俭之风发挥示范表率作用。

第十章 监督检查

第四十九条 各级党委和政府应当建立厉行节约反对浪费监督检查机制，明确监督检查的主体、职责、内容、方法、程序等，加强经常性督促检查，针对突出问题开展重点检查、暗访等专项活动。

下级党委和政府应当每年向上级党委和政府报告本地区厉行节约反对浪费工作情况，党委和政府所属部门、单位应当每年向本级党委和政府报告本部门、本单位厉行节约反对浪费工作情况。报告可结合领导班子年度考核和工作报告一并进行。

第五十条　领导干部厉行节约反对浪费工作情况，应当列为领导班子民主生活会和领导干部述职述廉的重要内容并接受评议。

第五十一条　党委办公厅（室）、政府办公厅（室）负责统筹协调相关部门开展对厉行节约反对浪费工作的督促检查。每年至少组织开展一次专项督查，并将督查情况在适当范围内通报。专项督查可以与党风廉政建设责任制检查考核、年终党建工作考核等相结合，督查考核结果应当按照干部管理权限送纪检监察机关和组织人事部门，作为干部管理监督、选拔任用的依据。

第五十二条　纪检监察机关应当加强对厉行节约反对浪费工作的监督检查，受理群众举报和有关部门移送的案件线索，及时查处违纪违法问题。

中央和省、自治区、直辖市党委巡视组应当按照有关规定，加强对有关党组织领导班子及其成员厉行节约反对浪费工作情况的巡视监督。

第五十三条　财政部门应当加强对党政机关预算编制、执行等财政、财务、政府采购和会计事项的监督检查，依法处理发现的违规问题，并及时向本级党委和政府汇报监督检查结果。

审计部门应当加大对党政机关公务支出和公款消费的审计力度，依法处理、督促整改违规问题，并将涉嫌违纪违法问题移送有关部门查处。

第五十四条　党政机关应当建立健全厉行节约反对浪费信息公开制度。除依照法律法规和有关要求须保密的内容和事项外，下列内容应当按照及时、方便、多样的原则，以适当方式进行公开：

（一）预算和决算信息；

（二）政府采购文件、采购预算、中标成交结果、采购合同等情况；

（三）国内公务接待的批次、人数、经费总额等情况；

（四）会议的名称、主要内容、支出金额等情况；

（五）培训的项目、内容、人数、经费等情况；

（六）节会、庆典、论坛、博览会、展会、运动会、赛会等活动举办信息；

（七）办公用房建设、维修改造、使用、运行费用支出等情况；

（八）公务支出和公款消费的审计结果；

（九）其他需要公开的内容。

第五十五条 推动和支持人民代表大会及其常务委员会依法严格审查批准党政机关公务支出预算，加强对预算执行情况的监督。发挥人大代表的监督作用，通过提出意见、建议、批评以及询问、质询等方式加强对党政机关厉行节约反对浪费工作的监督。

支持人民政协对党政机关厉行节约反对浪费工作的监督，自觉接受并积极支持政协委员通过调研、视察、提案等方式加强对党政机关厉行节约反对浪费工作的监督。

第五十六条 重视各级各类媒体在厉行节约反对浪费方面的舆论监督作用。建立舆情反馈机制，及时调查处理媒体曝光的违规违纪违法问题。

发挥群众对党政机关及其工作人员铺张浪费行为的监督作用，认真调查处理群众反映的问题。

第十一章　责任追究

第五十七条 建立党政机关厉行节约反对浪费工作责任追究制度。

对违反本条例规定造成浪费的，应当依纪依法追究相关人员的责任，对负有领导责任的主要负责人或者有关领导干部实行问责。

第五十八条 有下列情形之一的，追究相关人员的责任：

（一）未经审批列支财政性资金的；

（二）采取弄虚作假等手段违规取得审批的；

（三）违反审批要求擅自变通执行的；

（四）违反管理规定超标准或者以虚假事项开支的；

（五）利用职务便利假公济私的；

（六）有其他违反审批、管理、监督规定行为的。

第五十九条　有下列情形之一的，追究主要负责人或者有关领导干部的责任：

（一）本地区、本部门、本单位铺张浪费、奢侈奢华问题严重，对发现的问题查处不力，干部群众反映强烈的；

（二）指使、纵容下属单位或者人员违反本条例规定造成浪费的；

（三）不履行内部审批、管理、监督职责造成浪费的；

（四）不按规定及时公开本地区、本部门、本单位有关厉行节约反对浪费工作信息的；

（五）其他对铺张浪费问题负有领导责任的。

第六十条　违反本条例规定造成浪费的，根据情节轻重，由有关部门依照职责权限给予批评教育、责令作出检查、诫勉谈话、通报批评或者调离岗位、责令辞职、免职、降职等处理。

应当追究党纪政纪责任的，依照《中国共产党纪律处分条例》、《行政机关公务员处分条例》等有关规定给予相应的党纪政纪处分。

涉嫌违法犯罪的，依法追究法律责任。

第六十一条　违反本条例规定获得的经济利益，应当予以收缴或者纠正。

违反本条例规定，用公款支付、报销应由个人支付的费用，应当责令退赔。

第六十二条　受到责任追究的人员对处理决定不服的，可以按照相关规定向有关机关提出申诉。受理申诉机关应当依据有关规定认真受理并作出结论。

申诉期间，不停止处理决定的执行。

第十二章　附　　则

第六十三条　各省、自治区、直辖市党委和政府，中央和国家机关各部委，可以根据本条例，结合实际制定实施细则。有关职能部门应当根据各自职责，制定完善相关配套制度。

国有企业、国有金融企业、不参照公务员法管理的事业单位，参照本条例执行。

中国人民解放军和中国人民武装警察部队按照军队有关规定执行。

第六十四条 本条例由中共中央办公厅、国务院办公厅会同有关部门负责解释。

第六十五条 本条例自发布之日起施行。1997 年 5 月 25 日发布的《中共中央、国务院关于党政机关厉行节约制止奢侈浪费行为的若干规定》同时废止。其他有关党政机关厉行节约反对浪费的规定，凡与本条例不一致的，按照本条例执行。

党政机关公务用车管理办法

（中办发〔2017〕71 号）(2017 年 12 月 11 日)

第一章　总　　则

第一条　为了进一步规范党政机关公务用车管理，有效保障公务活动，促进党风廉政建设和节约型机关建设，根据《党政机关厉行节约反对浪费条例》、《机关事务管理条例》等有关规定，制定本办法。

第二条　本办法适用于党的机关、人大机关、行政机关、政协机关、监察机关、审判机关、检察机关，以及工会、共青团、妇联等人民团体和参照公务员法管理的事业单位。

第三条　本办法所称公务用车，是指党政机关配备的用于定向保障公务活动的机动车辆，包括机要通信用车、应急保障用车、执法执勤用车、特种专业技术用车以及其他按照规定配备的公务用车。

机要通信用车是指用于传递、运送机要文件和涉密载体的机动车辆。

应急保障用车是指用于处理突发事件、抢险救灾或者其他紧急公务的机动车辆。

执法执勤用车是指中央批准的执法执勤部门（系统）用于一线执法执勤公务的机动车辆。

特种专业技术用车是指固定搭载专业技术设备、用于执行特殊工作任务的机动车辆。

第四条　党政机关公务用车管理遵循统一管理、定向保障、经济适用、节能环保的原则。

第五条　党政机关公务用车实行统一制度规范、分级分类管理。党政机关公务用车主管部门负责本级党政机关公务用车管理工作，根据职责实行统一编制、统一标准、统一购置经费、统一采购配备管理;指导监督下级党政机关公务用车管理工作。

第二章　编制和标准管理

第六条　党政机关公务用车实行编制管理。车辆编制根据机构设置、人员编制和工作需要等因素确定。

机要通信用车、应急保障用车和其他按照规定配备的公务用车编制由公务用车主管部门会同有关部门确定。

执法执勤用车、特种专业技术用车编制由财政部门会同有关部门确定,并送公务用车主管部门备案。

第七条　党政机关配备公务用车应当严格执行以下标准:

(一)机要通信用车配备价格 12 万元以内、排气量 1.6 升(含)以下的轿车或者其他小型客车。

(二)应急保障用车和其他按照规定配备的公务用车配备价格 18 万元以内、排气量 1.8 升(含)以下的轿车或者其他小型客车。确因情况特殊,可以适当配备价格 25 万元以内、排气量 3.0 升(含)以下的其他小型客车、中型客车或者价格 45 万元以内的大型客车。

(三)执法执勤用车配备价格 12 万元以内、排气量 1.6 升(含)以下的轿车或者其他小型客车,因工作需要可以配备价格 18 万元以内、排气量 1.8 升(含)以下的轿车或者其他小型客车。确因情况特殊,可以适当配备价格 25 万元以内、排气量 3.0 升(含)以下的其他小型客车、中型客车或者价格 45 万元以内的大型客车。

(四)特种专业技术用车配备标准由有关部门会同财政部门按照保障工作需要、厉行节约的原则确定。

公务用车配备新能源轿车的,价格不得超过 18 万元。

上述配备标准应当根据公务保障需要、汽车行业技术发展、市场价格变化等因素适时调整。

第八条　严格控制执法执勤用车的配备范围、编制和标准。执法执勤用车配备应当严格限定在一线执法执勤岗位。

第三章 配备和经费管理

第九条 公务用车主管部门根据公务用车配备更新标准和现状，编制年度公务用车配备更新计划。

第十条 财政部门根据年度公务用车配备更新计划，按照预算管理有关规定统筹安排购置经费，列入公务用车主管部门预算。

第十一条 财政部门会同公务用车主管部门制定公务用车运行费用定额标准，统筹安排公务用车运行费用，列入党政机关部门预算。

第十二条 公务用车主管部门按照政府采购法律法规和国家有关政策规定，统一组织实施公务用车集中采购。

第十三条 党政机关应当配备使用国产汽车，带头使用新能源汽车，按照规定逐步扩大新能源汽车配备比例。

第十四条 地方各级党政机关确因工作需要超出规定标准配备公务用车的，必须报省级公务用车主管部门批准。

党政机关原则上不配备越野车。确因工作需要，按照程序报批后，可以适当配备国产越野车。越野车不得作为领导干部固定用车。

第十五条 除涉及国家安全、侦查办案等有保密要求的特殊工作用车外，党政机关公务用车产权注册登记所有人应当为本机关法人，不得将公务用车登记在下属单位、企业或者个人名下。

第四章 使用和处置管理

第十六条 党政机关应当加强公务用车使用管理，严格按照规定使用公务用车，严禁公车私用、私车公养，不得既领取公务交通补贴又违规使用公务用车。

第十七条 党政机关应当推进公务用车服务平台建设。各地区应当结合实际，将各类公务用车纳入平台集中管理，采用信息化手段统筹调度、高效使用，鼓励通过社会化专业机构提高平台管理运行效率。

第十八条 党政机关应当推进公务用车标识化管理。除涉及国家安全、侦查办案和其他有保密要求的特殊工作用车外,公务用车应当统一标识。

第十九条 党政机关应当建立公务用车管理台账,加强相关证照档案的保存和管理。

各省、自治区、直辖市以及中央和国家机关公务用车主管部门应当建立统一的公务用车管理信息系统,提高公务用车配备使用管理信息化水平。

第二十条 党政机关应当建立健全公务用车使用管理制度,严格执行,加强监督,降低运行成本。

严格公务用车使用时间、事由、地点、里程、油耗、费用等信息登记和公示制度。严格执行回单位或者其他指定地点停放制度,节假日期间除工作需要外应当封存停驶。

实行公务用车保险、维修、加油政府集中采购和定点保险、定点维修、定点加油制度,健全公务用车油耗、运行费用单车核算和年度绩效评价制度。

第二十一条 党政机关应当减少公务用车长途行驶,工作人员到外地办理公务,除特殊情况外,应当乘用公共交通工具。外事接待、会议和集体活动用车主要通过社会租赁方式解决。

第二十二条 公务用车使用年限超过 8 年的可以更新;达到更新年限仍能继续使用的,应当继续使用。因安全等原因确需提前更新的,应当严格履行审批手续。

公务用车按照规定更新后,可以采取拍卖、厂家回收、报废等方式规范处置旧车。处置收入按照非税收入有关规定管理。

第五章　监督问责

第二十三条 党政机关应当建立公务用车配备更新和使用情况统计报告制度。各省、自治区、直辖市公务用车主管部门负责统计汇总本地区公务用车配备更新和使用情况。国家机关事务管理局、中共中央直属机关事务管理局负责统计汇总中央和国家机关公务用车配备更新和使用情况。

第二十四条 党政机关应当严格执行公务用车配备使用管理各项规定，将公务用车配备更新、使用、处置和经费预算执行等情况纳入内部审计、政务公开和政务诚信建设范围，接受社会监督。

公务用车主管部门应当加强对党政机关公务用车配备更新、使用、处置等情况的监督检查，定期通报或者公示相关情况。

财政、审计部门应当加强对公务用车经费预算管理使用情况的监督检查，依法处理、督促整改违规问题，并将涉嫌违纪违法问题移送有关部门查处。

公安交通管理部门应当定期与公务用车主管部门交换公务用车注册登记信息、使用状态等情况。

纪检监察机关应当及时受理群众举报和有关部门移送的公务用车管理问题线索，严肃查处违纪违法问题。

第二十五条 公务用车主管部门有下列情形之一的，依纪依法追究相关人员责任：

（一）违规核定公务用车编制的；

（二）违规审批超编制、超标准配备公务用车的；

（三）违规审批未到年限更新公务用车的；

（四）违规安排公务用车经费预算的；

（五）有其他未按规定履行管理监督职责行为的。

第二十六条 党政机关有下列情形之一的，依纪依法追究相关人员责任：

（一）超编制、超标准配备公务用车的；

（二）违反规定将公务用车登记在下属单位、企业或者个人名下的；

（三）公车私用、私车公养，或者既领取公务交通补贴又违规使用公务用车的；

（四）换用、借用、占用下属单位或者其他单位和个人的车辆，或者擅自接受企事业单位和个人赠送车辆的；

（五）挪用或者固定给个人使用执法执勤、机要通信等公务用车的；

（六）为公务用车增加高档配置或者豪华内饰的；

（七）在车辆维修等费用中虚列名目或者夹带其他费用，为非本单位车辆报销运行维护费用的；

（八）违规处置公务用车的；

（九）有其他违反公务用车配备使用管理规定行为的。

第六章　附　　则

第二十七条　本办法所称小型客车、中型客车、大型客车等，依据中华人民共和国公共安全行业标准 GA802-2014《机动车类型术语和定义》界定。

第二十八条　各省、自治区、直辖市以及中央和国家机关各部门，应当根据本办法，结合实际制定具体管理办法。

第二十九条　中央和国家机关所属垂直管理机构、派出机构公务用车由行政主管部门依照本办法进行管理。

各民主党派机关公务用车管理适用本办法。

不参照公务员法管理的事业单位公务用车，按照本办法的原则管理。

第三十条　本办法由国家机关事务管理局、中共中央直属机关事务管理局会同有关部门负责解释。

第三十一条　本办法自 2017 年 12 月 5 日起施行。中共中央办公厅、国务院办公厅 2011 年 1 月 6 日印发的《党政机关公务用车配备使用管理办法》同时废止。

党政机关国内公务接待管理规定

（中办发〔2013〕22号）（2013年12月8日）

第一条　为了规范党政机关国内公务接待管理，厉行勤俭节约，反对铺张浪费，加强党风廉政建设，根据《党政机关厉行节约反对浪费条例》规定，制定本规定。

第二条　本规定适用于各级党的机关、人大机关、行政机关、政协机关、审判机关、检察机关，以及工会、共青团、妇联等人民团体和参照公务员法管理事业单位的国内公务接待行为。

本规定所称国内公务，是指出席会议、考察调研、执行任务、学习交流、检查指导、请示汇报工作等公务活动。

第三条　国内公务接待应当坚持有利公务、务实节俭、严格标准、简化礼仪、高效透明、尊重少数民族风俗习惯的原则。

第四条　各级党政机关公务接待管理部门应当结合当地实际，完善国内公务接待管理制度，制定国内公务接待标准。

县级以上党政机关公务接待管理部门负责管理本级党政机关国内公务接待工作，指导下级党政机关国内公务接待工作。

乡镇党委、政府应当加强国内公务接待管理，严格执行有关管理规定和开支标准。

第五条　各级党政机关应当加强公务外出计划管理，科学安排和严格控制外出的时间、内容、路线、频率、人员数量，禁止异地部门间没有特别需要的一般性学习交流、考察调研，禁止重复性考察，禁止以各种名义和方式变相旅游，禁止违反规定到风景名胜区举办会议和活动。

公务外出确需接待的，派出单位应当向接待单位发出公函，告知内容、行程和人员。

第六条　接待单位应当严格控制国内公务接待范围，不得用公款报销或者支付应由个人负担的费用。

国家工作人员不得要求将休假、探亲、旅游等活动纳入国内公务接待范围。

第七条　接待单位应当根据规定的接待范围，严格接待审批控制，对能够合并的公务接待统筹安排。无公函的公务活动和来访人员一律不予接待。

公务活动结束后，接待单位应当如实填写接待清单，并由相关负责人审签。接待清单包括接待对象的单位、姓名、职务和公务活动项目、时间、场所、费用等内容。

第八条　国内公务接待不得在机场、车站、码头和辖区边界组织迎送活动，不得跨地区迎送，不得张贴悬挂标语横幅，不得安排群众迎送，不得铺设迎宾地毯；地区、部门主要负责人不得参加迎送。严格控制陪同人数，不得层层多人陪同。

接待单位安排的活动场所、活动项目和活动方式，应当有利于公务活动开展。安排外出考察调研的，应当深入基层、深入群众，不得走过场、搞形式主义。

第九条　接待住宿应当严格执行差旅、会议管理的有关规定，在定点饭店或者机关内部接待场所安排，执行协议价格。出差人员住宿费应当回本单位凭据报销，与会人员住宿费按会议费管理有关规定执行。

住宿用房以标准间为主，接待省部级干部可以安排普通套间。接待单位不得超标准安排接待住房，不得额外配发洗漱用品。

第十条　接待对象应当按照规定标准自行用餐。确因工作需要，接待单位可以安排工作餐一次，并严格控制陪餐人数。接待对象在 10 人以内的，陪餐人数不得超过 3 人；超过 10 人的，不得超过接待对象人数的三分之一。

工作餐应当供应家常菜，不得提供鱼翅、燕窝等高档菜肴和用野生保护动物制作的菜肴，不得提供香烟和高档酒水，不得使用私人会所、高消费餐饮场所。

第十一条　国内公务接待的出行活动应当安排集中乘车，合理使用车型，严格控制随行车辆。

接待单位应当严格按照有关规定使用警车，不得违反规定实行交通管控。确因安全需要安排警卫的，应当按照规定的警卫界限、警卫规格执行，合理安排警力，尽可能缩小警戒范围，不得清场闭馆。

第十二条　各级党政机关应当加强对国内公务接待经费的预算管理，合理限定接待费预算总额。公务接待费用应当全部纳入预算管理，单独列示。

禁止在接待费中列支应当由接待对象承担的差旅、会议、培训等费用，禁止以举办会议、培训为名列支、转移、隐匿接待费开支；禁止向下级单位及其他单位、企业、个人转嫁接待费用，禁止在非税收入中坐支接待费用；禁止借公务接待名义列支其他支出。

第十三条　县级以上地方党委、政府应当根据当地经济发展水平、市场价格等实际情况，按照当地会议用餐标准制定本级国内公务接待工作餐开支标准，并定期进行调整。接待住宿应当按照差旅费管理有关规定，执行接待对象在当地的差旅住宿费标准。接待开支标准应当报上一级党政机关公务接待管理部门、财政部门备案。

第十四条　接待费报销凭证应当包括财务票据、派出单位公函和接待清单。

接待费资金支付应当严格按照国库集中支付制度和公务卡管理有关规定执行。具备条件的地方应当采用银行转账或者公务卡方式结算，不得以现金方式支付。

第十五条　机关内部接待场所应当建立健全服务经营机制，推行企业化管理，推进劳动、用工和分配制度与市场接轨，建立市场化的接待费结算机制，降低服务经营成本，提高资产使用效率，逐步实现自负盈亏、自我发展。

各级党政机关不得以任何名义新建、改建、扩建内部接待场所，不得对机关内部接待场所进行超标准装修或者装饰、超标准配置家具和电器。推进机关内部接待场所集中统一管理和利用，建立资源共享机制。

第十六条 接待单位不得超标准接待，不得组织旅游和与公务活动无关的参观，不得组织到营业性娱乐、健身场所活动，不得安排专场文艺演出，不得以任何名义赠送礼金、有价证券、纪念品和土特产品等。

第十七条 县级以上党政机关公务接待管理部门应当会同有关部门加强对本级党政机关各部门和下级党政机关国内公务接待工作的监督检查。监督检查的主要内容包括：

（一）国内公务接待规章制度制定情况；

（二）国内公务接待标准执行情况；

（三）国内公务接待经费管理使用情况；

（四）国内公务接待信息公开情况；

（五）机关内部接待场所管理使用情况。

党政机关各部门应当定期汇总本部门国内公务接待情况，报同级党政机关公务接待管理部门、财政部门、纪检监察机关备案。

第十八条 财政部门应当对党政机关国内公务接待经费开支和使用情况进行监督检查。审计部门应当对党政机关国内公务接待经费进行审计，并加强对机关内部接待场所的审计监督。

第十九条 县级以上党政机关公务接待管理部门应当会同财政部门按年度组织公开本级国内公务接待制度规定、标准、经费支出、接待场所、接待项目等有关情况，接受社会监督。

第二十条 各级党政机关应当将国内公务接待工作纳入问责范围。纪检监察机关应当加强对国内公务接待违规违纪行为的查处，严肃追究接待单位相关负责人、直接责任人的党纪责任、行政责任并进行通报，涉嫌犯罪的移送司法机关依法追究刑事责任。

第二十一条　积极推进国内公务接待服务社会化改革，有效利用社会资源为国内公务接待提供住宿、用餐、用车等服务。推行接待用车定点服务制度。

第二十二条　地方各级党委、政府应当依照本规定制定本地区国内公务接待管理办法。

第二十三条　地方各级政府因招商引资等工作需要，接待除国家工作人员以外的其他因公来访人员，应当参照本规定实行单独管理，明确标准，控制经费总额，注重实际效益，加强审批管理，强化审计监督，杜绝奢侈浪费。严禁扩大接待范围、增加接待项目，严禁以招商引资为名变相安排公务接待。

第二十四条　国有企业、国有金融企业和不参照公务员法管理的事业单位参照本规定执行。

第二十五条　本规定由国家机关事务管理局会同有关部门负责解释。

第二十六条　本规定自发布之日起施行。2006 年 10 月 20 日中共中央办公厅、国务院办公厅印发的《党政机关国内公务接待管理规定》同时废止。

事业单位国有资产管理暂行办法

（财政部令第 36 号、第 100 号）（2019 年 3 月 29 日）

第一章　总　　则

第一条　为了规范和加强事业单位国有资产管理，维护国有资产的安全完整，合理配置和有效利用国有资产，保障和促进各项事业发展，建立适应社会主义市场经济和公共财政要求的事业单位国有资产管理体制，根据国务院有关规定，制定本办法。

第二条　本办法适用于各级各类事业单位的国有资产管理活动。

第三条　本办法所称的事业单位国有资产，是指事业单位占有、使用的，依法确认为国家所有，能以货币计量的各种经济资源的总称，即事业单位的国有（公共）财产。

事业单位国有资产包括国家拨给事业单位的资产，事业单位按照国家规定运用国有资产组织收入形成的资产，以及接受捐赠和其他经法律确认为国家所有的资产，其表现形式为流动资产、固定资产、无形资产和对外投资等。

第四条　事业单位国有资产管理活动，应当坚持资产管理与预算管理相结合的原则，推行实物费用定额制度，促进事业资产整合与共享共用，实现资产管理和预算管理的紧密统一；应当坚持所有权和使用权相分离的原则；应当坚持资产管理与财务管理、实物管理与价值管理相结合的原则。

第五条　事业单位国有资产实行国家统一所有，政府分级监管，单位占有、使用的管理体制。

第二章　管理机构及其职责

第六条　各级财政部门是政府负责事业单位国有资产管理的职

能部门，对事业单位的国有资产实施综合管理。其主要职责是：

（一）根据国家有关国有资产管理的规定，制定事业单位国有资产管理的规章制度，并组织实施和监督检查；

（二）研究制定本级事业单位实物资产配置标准和相关的费用标准，组织本级事业单位国有资产的产权登记、产权界定、产权纠纷调处、资产评估监管、资产清查和统计报告等基础管理工作；

（三）按规定权限审批本级事业单位有关资产购置、处置和利用国有资产对外投资、出租、出借和担保等事项，组织事业单位长期闲置、低效运转和超标准配置资产的调剂工作，建立事业单位国有资产整合、共享、共用机制；

（四）推进本级有条件的事业单位实现国有资产的市场化、社会化，加强事业单位转企改制工作中国有资产的监督管理；

（五）负责本级事业单位国有资产收益的监督管理；

（六）建立和完善事业单位国有资产管理信息系统，对事业单位国有资产实行动态管理；

（七）研究建立事业单位国有资产安全性、完整性和使用有效性的评价方法、评价标准和评价机制，对事业单位国有资产实行绩效管理；

（八）监督、指导本级事业单位及其主管部门、下级财政部门的国有资产管理工作。

第七条　事业单位的主管部门（以下简称主管部门）负责对本部门所属事业单位的国有资产实施监督管理。其主要职责是：

（一）根据本级和上级财政部门有关国有资产管理的规定，制定本部门事业单位国有资产管理的实施办法，并组织实施和监督检查；

（二）组织本部门事业单位国有资产的清查、登记、统计汇总及日常监督检查工作；

（三）审核本部门所属事业单位利用国有资产对外投资、出租、出借和担保等事项，按规定权限审核或者审批有关资产购置、处置事项；

（四）负责本部门所属事业单位长期闲置、低效运转和超标准配置资产的调剂工作，优化事业单位国有资产配置，推动事业单位国有资产共享、共用；

（五）督促本部门所属事业单位按规定缴纳国有资产收益；

（六）组织实施对本部门所属事业单位国有资产管理和使用情况的评价考核；

（七）接受同级财政部门的监督、指导并向其报告有关事业单位国有资产管理工作。

第八条 事业单位负责对本单位占有、使用的国有资产实施具体管理。其主要职责是：

（一）根据事业单位国有资产管理的有关规定，制定本单位国有资产管理的具体办法并组织实施；

（二）负责本单位资产购置、验收入库、维护保管等日常管理，负责本单位资产的账卡管理、清查登记、统计报告及日常监督检查工作；

（三）办理本单位国有资产配置、处置和对外投资、出租、出借和担保等事项的报批手续；

（四）负责本单位用于对外投资、出租、出借和担保的资产的保值增值，按照规定及时、足额缴纳国有资产收益；

（五）负责本单位存量资产的有效利用，参与大型仪器、设备等资产的共享、共用和公共研究平台建设工作；

（六）接受主管部门和同级财政部门的监督、指导并向其报告有关国有资产管理工作。

第九条 各级财政部门、主管部门和事业单位应当按照本办法的规定，明确管理机构和人员，做好事业单位国有资产管理工作。

第十条 财政部门根据工作需要，可以将国有资产管理的部分工作交由有关单位完成。

第三章　资产配置及使用

第十一条　事业单位国有资产配置是指财政部门、主管部门、事业单位等根据事业单位履行职能的需要，按照国家有关法律、法规和规章制度规定的程序，通过购置或者调剂等方式为事业单位配备资产的行为。

第十二条　事业单位国有资产配置应当符合以下条件：

（一）现有资产无法满足事业单位履行职能的需要；

（二）难以与其他单位共享、共用相关资产；

（三）难以通过市场购买产品或者服务的方式代替资产配置，或者采取市场购买方式的成本过高。

第十三条　事业单位国有资产配置应当符合规定的配置标准；没有规定配置标准的，应当从严控制，合理配置。

第十四条　对于事业单位长期闲置、低效运转或者超标准配置的资产，原则上由主管部门进行调剂，并报同级财政部门备案；跨部门、跨地区的资产调剂应当报同级或者共同上一级的财政部门批准。法律、行政法规另有规定的，依照其规定。

第十五条　事业单位向财政部门申请用财政性资金购置规定限额以上资产的（包括事业单位申请用财政性资金举办大型会议、活动需要进行的购置），除国家另有规定外，按照下列程序报批：

（一）年度部门预算编制前，事业单位资产管理部门会同财务部门审核资产存量，提出下一年度拟购置资产的品目、数量，测算经费额度，报主管部门审核；

（二）主管部门根据事业单位资产存量状况和有关资产配置标准，审核、汇总事业单位资产购置计划，报同级财政部门审批；

（三）同级财政部门根据主管部门的审核意见，对资产购置计划进行审批；

（四）经同级财政部门批准的资产购置计划，事业单位应当列入年度部门预算，并在上报年度部门预算时附送批复文件等相关材料，作为财政部门批复部门预算的依据。

第十六条 事业单位向主管部门或者其他部门申请项目经费的,有关部门在下达经费前,应当将所涉及的规定限额以上的资产购置事项报同级财政部门批准。

第十七条 事业单位用其他资金购置规定限额以上资产的,报主管部门审批;主管部门应当将审批结果定期报同级财政部门备案。

第十八条 事业单位购置纳入政府采购范围的资产,应当按照国家有关政府采购的规定执行。

第十九条 事业单位国有资产的使用包括单位自用和对外投资、出租、出借、担保等方式。

第二十条 事业单位应当建立健全资产购置、验收、保管、使用等内部管理制度。

事业单位应当对实物资产进行定期清查,做到账账、账卡、账实相符,加强对本单位专利权、商标权、著作权、土地使用权、非专利技术、商誉等无形资产的管理,防止无形资产流失。

第二十一条 事业单位利用国有资产对外投资、出租、出借和担保等应当进行必要的可行性论证,并提出申请,经主管部门审核同意后,报同级财政部门审批。法律、行政法规和本办法第五十六条另有规定的,依照其规定。

事业单位应当对本单位用于对外投资、出租和出借的资产实行专项管理,并在单位财务会计报告中对相关信息进行充分披露。

第二十二条 财政部门和主管部门应当加强对事业单位利用国有资产对外投资、出租、出借和担保等行为的风险控制。

第二十三条 除本办法第五十六条及国家另有规定外,事业单位对外投资收益以及利用国有资产出租、出借和担保等取得的收入应当纳入单位预算,统一核算,统一管理。

第四章　资产处置

第二十四条 事业单位国有资产处置,是指事业单位对其占有、使用的国有资产进行产权转让或者注销产权的行为。处置方式包括出售、出让、转让、对外捐赠、报废、报损以及货币性资产损失核销等。

第二十五条　除本办法第五十六条另有规定外，事业单位处置国有资产，应当严格履行审批手续，未经批准不得自行处置。

第二十六条　事业单位占有、使用的房屋建筑物、土地和车辆的处置，货币性资产损失的核销，以及单位价值或者批量价值在规定限额以上的资产的处置，经主管部门审核后报同级财政部门审批；规定限额以下的资产的处置报主管部门审批，主管部门将审批结果定期报同级财政部门备案。法律、行政法规和本办法第五十六条另有规定的，依照其规定。

第二十七条　财政部门或者主管部门对事业单位国有资产处置事项的批复是财政部门重新安排事业单位有关资产配置预算项目的参考依据，是事业单位调整相关会计账目的凭证。

第二十八条　事业单位国有资产处置应当遵循公开、公正、公平的原则。

事业单位出售、出让、转让、变卖资产数量较多或者价值较高的，应当通过拍卖等市场竞价方式公开处置。

第二十九条　除本办法第五十六条另有规定外，事业单位国有资产处置收入属于国家所有，应当按照政府非税收入管理的规定，实行“收支两条线”管理。

第五章　产权登记与产权纠纷处理

第三十条　事业单位国有资产产权登记（以下简称产权登记）是国家对事业单位占有、使用的国有资产进行登记，依法确认国家对国有资产的所有权和事业单位对国有资产的占有、使用权的行为。

第三十一条　事业单位应当向同级财政部门或者经同级财政部门授权的主管部门（以下简称授权部门）申报、办理产权登记，并由财政部门或者授权部门核发《事业单位国有资产产权登记证》（以下简称《产权登记证》）。

第三十二条 《产权登记证》是国家对事业单位国有资产享有所有权,单位享有占有、使用权的法律凭证,由财政部统一印制。

事业单位办理法人年检、改制、资产处置和利用国有资产对外投资、出租、出借、担保等事项时,应当出具《产权登记证》。

第三十三条 事业单位国有资产产权登记的内容主要包括:

(一)单位名称、住所、负责人及成立时间;

(二)单位性质、主管部门;

(三)单位资产总额、国有资产总额、主要实物资产额及其使用状况、对外投资情况;

(四)其他需要登记的事项。

第三十四条 事业单位应当按照以下规定进行国有资产产权登记:

(一)新设立的事业单位,办理占有产权登记;

(二)发生分立、合并、部分改制,以及隶属关系、单位名称、住所和单位负责人等产权登记内容发生变化的事业单位,办理变更产权登记;

(三)因依法撤销或者整体改制等原因被清算、注销的事业单位,办理注销产权登记。

第三十五条 各级财政部门应当在资产动态管理信息系统和变更产权登记的基础上,对事业单位国有资产产权登记实行定期检查。

第三十六条 事业单位与其他国有单位之间发生国有资产产权纠纷的,由当事人协商解决。协商不能解决的,可以向同级或者共同上一级财政部门申请调解或者裁定,必要时报有管辖权的人民政府处理。

第三十七条 事业单位与非国有单位或者个人之间发生产权纠纷的,事业单位应当提出拟处理意见,经主管部门审核并报同级财政部门批准后,与对方当事人协商解决。协商不能解决的,依照司法程序处理。

第六章　资产评估与资产清查

第三十八条　事业单位有下列情形之一的，应当对相关国有资产进行评估：

（一）整体或者部分改制为企业；

（二）以非货币性资产对外投资；

（三）合并、分立、清算；

（四）资产拍卖、转让、置换；

（五）整体或者部分资产租赁给非国有单位；

（六）确定涉讼资产价值；

（七）法律、行政法规规定的其他需要进行评估的事项。

第三十九条　事业单位有下列情形之一的，可以不进行资产评估：

（一）经批准事业单位整体或者部分资产无偿划转；

（二）行政、事业单位下属的事业单位之间的合并、资产划转、置换和转让；

（三）国家设立的研究开发机构、高等院校将其持有的科技成果转让、许可或者作价投资给国有全资企业的；

（四）发生其他不影响国有资产权益的特殊产权变动行为，报经同级财政部门确认可以不进行资产评估的。

第四十条　国家设立的研究开发机构、高等院校将其持有的科技成果转让、许可或者作价投资给非国有全资企业的，由单位自主决定是否进行资产评估。

第四十一条　事业单位国有资产评估工作应当委托具有资产评估资质的评估机构进行。事业单位应当如实向资产评估机构提供有关情况和资料，并对所提供的情况和资料的客观性、真实性和合法性负责。

事业单位不得以任何形式干预资产评估机构独立执业。

第四十二条　事业单位国有资产评估项目实行核准制和备案

制。核准和备案工作按照国家有关国有资产评估项目核准和备案管理的规定执行。

第四十三条 事业单位有下列情形之一的,应当进行资产清查:

(一)根据国家专项工作要求或者本级政府实际工作需要,被纳入统一组织的资产清查范围的;

(二)进行重大改革或者整体、部分改制为企业的;

(三)遭受重大自然灾害等不可抗力造成资产严重损失的;

(四)会计信息严重失真或者国有资产出现重大流失的;

(五)会计政策发生重大更改,涉及资产核算方法发生重要变化的;

(六)同级财政部门认为应当进行资产清查的其他情形。

第四十四条 事业单位进行资产清查,应当向主管部门提出申请,并按照规定程序报同级财政部门批准立项后组织实施,但根据国家专项工作要求或者本级政府工作需要进行的资产清查除外。

第四十五条 事业单位资产清查工作的内容主要包括基本情况清理、账务清理、财产清查、损溢认定、资产核实和完善制度等。资产清查的具体办法由财政部另行制定。

第七章 资产信息管理与报告

第四十六条 事业单位应当按照国有资产管理信息化的要求,及时将资产变动信息录入管理信息系统,对本单位资产实行动态管理,并在此基础上做好国有资产统计和信息报告工作。

第四十七条 事业单位国有资产信息报告是事业单位财务会计报告的重要组成部分。事业单位应当按照财政部门规定的事业单位财务会计报告的格式、内容及要求,对其占有、使用的国有资产状况定期做出报告。

第四十八条 事业单位国有资产占有、使用状况,是主管部门、财政部门编制和安排事业单位预算的重要参考依据。各级财政部门、主管部门应当充分利用资产管理信息系统和资产信息报告,全面、动态地掌握事业单位国有资产占有、使用状况,建立和完善资产与预算有效结合的激励和约束机制。

第八章 监督检查与法律责任

第四十九条 财政部门、主管部门、事业单位及其工作人员，应当依法维护事业单位国有资产的安全完整，提高国有资产使用效益。

第五十条 财政部门、主管部门和事业单位应当建立健全科学合理的事业单位国有资产监督管理责任制，将资产监督、管理的责任落实到具体部门、单位和个人。

第五十一条 事业单位国有资产监督应当坚持单位内部监督与财政监督、审计监督、社会监督相结合，事前监督与事中监督、事后监督相结合，日常监督与专项检查相结合。

第五十二条 事业单位及其工作人员违反本办法，有下列行为之一的，依据《财政违法行为处罚处分条例》的规定进行处罚、处理、处分：

（一）以虚报、冒领等手段骗取财政资金的；

（二）擅自占有、使用和处置国有资产的；

（三）擅自提供担保的；

（四）通过串通作弊、暗箱操作等低价处置国有资产的；

（五）未按规定缴纳国有资产收益的。

第五十三条 各级财政部门、主管部门及其工作人员在事业单位国有资产配置、使用、处置等管理工作中，存在违反本办法规定的行为，以及其他滥用职权、玩忽职守、徇私舞弊等违法违纪行为的，依照《中华人民共和国公务员法》《中华人民共和国监察法》《财政违法行为处罚处分条例》等国家有关规定追究相应责任；涉嫌犯罪的，依法移送司法机关处理。

第五十四条 主管部门在配置事业单位国有资产或者审核、批准国有资产使用、处置事项的工作中违反本办法规定的，财政部门可以责令其限期改正，逾期不改的予以警告。

第五十五条 违反本办法有关事业单位国有资产管理规定的其他行为，依据国家有关法律、法规及规章制度进行处理。

第九章　附　　则

第五十六条　国家设立的研究开发机构、高等院校对其持有的科技成果，可以自主决定转让、许可或者作价投资，不需报主管部门、财政部门审批或者备案，并通过协议定价、在技术交易市场挂牌交易、拍卖等方式确定价格。通过协议定价的，应当在本单位公示科技成果名称和拟交易价格。

国家设立的研究开发机构、高等院校转化科技成果所获得的收入全部留归本单位。

第五十七条　社会团体和民办非企业单位中占有、使用国有资产的，参照本办法执行。参照公务员制度管理的事业单位和社会团体，依照国家关于行政单位国有资产管理的有关规定执行。

第五十八条　实行企业化管理并执行企业财务会计制度的事业单位，以及事业单位创办的具有法人资格的企业，由财政部门按照企业国有资产监督管理的有关规定实施监督管理。

第五十九条　地方财政部门制定的本地区和本级事业单位的国有资产管理规章制度，应当报上一级财政部门备案。

中央级事业单位的国有资产管理实施办法，由财政部会同有关部门根据本办法制定。

第六十条　境外事业单位国有资产管理办法由财政部另行制定。中国人民解放军、武装警察部队以及经国家批准的特定事业单位的国有资产管理办法，由解放军总后勤部、武装警察部队和有关主管部门会同财政部另行制定。

行业特点突出，需要制定行业事业单位国有资产管理办法的，由财政部会同有关主管部门根据本办法制定。

第六十一条　本办法中有关资产配置、处置事项的“规定限额”由省级以上财政部门另行确定。

第六十二条　本办法自 2006 年 7 月 1 日起施行。此前颁布的有关事业单位国有资产管理的规定与本办法相抵触的，按照本办法执行。

中央和国家机关差旅费管理办法

(财行〔2013〕531号)(2013年12月31日)

第一章 总 则

第一条 为加强和规范中央和国家机关国内差旅费管理,推进厉行节约反对浪费,根据《党政机关厉行节约反对浪费条例》,制定本办法。

第二条 本办法适用于中央和国家机关,以及参照公务员法管理的事业单位(以下简称中央单位)。

本办法所称中央和国家机关,是指党中央各部门,国务院各部委、各直属机构,全国人大常委会办公厅,全国政协办公厅,最高人民法院,最高人民检察院,各人民团体、各民主党派中央和全国工商联。

第三条 差旅费是指工作人员临时到常驻地以外地区公务出差所发生的城市间交通费、住宿费、伙食补助费和市内交通费。

第四条 中央单位应当建立健全公务出差审批制度。出差必须按规定报经单位有关领导批准,从严控制出差人数和天数;严格差旅费预算管理,控制差旅费支出规模;严禁无实质内容、无明确公务目的的差旅活动,严禁以任何名义和方式变相旅游,严禁异地部门间无实质内容的学习交流和考察调研。

第五条 财政部按照分地区、分级别、分项目的原则制定差旅费标准,并根据经济社会发展水平、市场价格及消费水平变动情况适时调整。

第二章 城市间交通费

第六条 城市间交通费是指工作人员因公到常驻地以外地区出差乘坐火车、轮船、飞机等交通工具所发生的费用。

第七条 出差人员应当按规定等级乘坐交通工具。乘坐交通工具的等级见下表：

交通工具级别	火车(含高铁、动车、全列软席列车)	轮船(不包括旅游船)	飞机	其他交通工具(不包括出租小汽车)
部级及相当职务人员	火车软席(软座、软卧),高铁/动车商务座,全列软席列车一等软座	一等舱	头等舱	凭据报销
司局级及相当职务人员	火车软席(软座、软卧),高铁/动车一等座,全列软席列车一等软座	二等舱	经济舱	凭据报销
其余人员	火车硬席(硬座、硬卧),高铁/动车二等座、全列软席列车二等软座	三等舱	经济舱	凭据报销

部级及相当职务人员出差,因工作需要,随行一人可乘坐同等级交通工具。

未按规定等级乘坐交通工具的,超支部分由个人自理。

第八条 到出差目的地有多种交通工具可选择时,出差人员在不影响公务、确保安全的前提下,应当选乘经济便捷的交通工具。

第九条 乘坐飞机的,民航发展基金、燃油附加费可以凭据报销。

第十条 乘坐飞机、火车、轮船等交通工具的,每人次可以购买交通意外保险一份。所在单位统一购买交通意外保险的,不再重复购买。

第三章 住宿费

第十一条 住宿费是指工作人员因公出差期间入住宾馆(包括饭店、招待所,下同)发生的房租费用。

第十二条 财政部分地区制定住宿费限额标准。各省、自治区、直辖市和计划单列市财政厅(局)根据当地经济社会发展水平、市场价格、消费水平等因素,提出所在市(省会城市、直辖市、计划单列市,下同)的住宿费限额标准报财政部,经财政部统筹研究提出意见反馈地方审核确认后,由财政部统一发布作为中央单位工作人员到相关地区出差的住宿费限额标准。

对于住宿价格季节性变化明显的城市,住宿费限额标准在旺季可适当上浮一定比例,具体规定由财政部另行发布。

第十三条　部级及相当职务人员住普通套间,司局级及以下人员住单间或标准间。

第十四条　出差人员应当在职务级别对应的住宿费标准限额内,选择安全、经济、便捷的宾馆住宿。

第四章　伙食补助费

第十五条　伙食补助费是指对工作人员在因公出差期间给予的伙食补助费用。

第十六条　伙食补助费按出差自然(日历)天数计算,按规定标准包干使用。

第十七条　财政部分地区制定伙食补助费标准。各省、自治区、直辖市和计划单列市财政厅(局)负责根据当地经济社会发展水平、市场价格、消费水平等因素,参照所在市公务接待工作餐、会议用餐等标准提出伙食补助费标准报财政部,经财政部统筹研究提出意见反馈地方审核确认后,由财政部统一发布作为中央单位工作人员到相关地区出差的伙食补助费标准。

第十八条　出差人员应当自行用餐。凡由接待单位统一安排用餐的,应当向接待单位交纳伙食费。

第五章　市内交通费

第十九条　市内交通费是指工作人员因公出差期间发生的市内交通费用。

第二十条 市内交通费按出差自然(日历)天数计算,每人每天80元包干使用。

第二十一条 出差人员由接待单位或其他单位提供交通工具的,应向接待单位或其他单位交纳相关费用。

第六章 报销管理

第二十二条 出差人员应当严格按规定开支差旅费,费用由所在单位承担,不得向下级单位、企业或其他单位转嫁。

第二十三条 城市间交通费按乘坐交通工具的等级凭据报销,订票费、经批准发生的签转或退票费、交通意外保险费凭据报销。

住宿费在标准限额之内凭发票据实报销。

伙食补助费按出差目的地的标准报销,在途期间的伙食补助费按当天最后到达目的地的标准报销。

市内交通费按规定标准报销。

未按规定开支差旅费的,超支部分由个人自理。

第二十四条 工作人员出差结束后应当及时办理报销手续。差旅费报销时应当提供出差审批单、机票、车票、住宿费发票等凭证。

住宿费、机票支出等按规定用公务卡结算。

第二十五条 财务部门应当严格按规定审核差旅费开支,对未经批准出差以及超范围、超标准开支的费用不予报销。

实际发生住宿而无住宿费发票的,不得报销住宿费以及城市间交通费、伙食补助费和市内交通费。

第七章 监督问责

第二十六条 各单位应当加强对本单位工作人员出差活动和经费报销的内控管理,对本单位出差审批制度、差旅费预算及规模控制负责,相关领导、财务人员等对差旅费报销进行审核把关,确保票据来源合法,内容真实完整、合规。对未经批准擅自出差、不按规定开支和报销差旅费的人员进行严肃处理。

一级预算单位应当强化对所属预算单位的监督检查,发现问题及时处理,重大问题向财政部报告。

各单位应当自觉接受审计部门对出差活动及相关经费支出的审计监督。

第二十七条 财政部会同有关部门对中央单位差旅费管理和使用情况进行监督检查。主要内容包括:

(一)单位差旅审批制度是否健全,出差活动是否按规定履行审批手续;

(二)差旅费开支范围和标准是否符合规定;

(三)差旅费报销是否符合规定;

(四)是否向下级单位、企业或其他单位转嫁差旅费;

(五)差旅费管理和使用的其他情况。

第二十八条 出差人员不得向接待单位提出正常公务活动以外的要求,不得在出差期间接受违反规定用公款支付的宴请、游览和非工作需要的参观,不得接受礼品、礼金和土特产品等。

第二十九条 违反本办法规定,有下列行为之一的,依法依规追究相关单位和人员的责任:

(一)单位无出差审批制度或出差审批控制不严的;

(二)虚报冒领差旅费的;

(三)擅自扩大差旅费开支范围和提高开支标准的;

(四)不按规定报销差旅费的;

(五)转嫁差旅费的;

(六)其他违反本办法行为的。

有前款所列行为之一的,由财政部会同有关部门责令改正,违规资金应予追回,并视情况予以通报。对直接责任人和相关负责人,报请其所在单位按规定给予行政处分。涉嫌违法的,移送司法机关处理。

第八章　附　　则

第三十条　工作人员外出参加会议、培训，举办单位统一安排食宿的，会议、培训期间的食宿费和市内交通费由会议、培训举办单位按规定统一开支；往返会议、培训地点的差旅费由所在单位按照规定报销。

第三十一条　不参照公务员法管理的事业单位参照本办法执行。

各单位应当根据本办法，结合本单位实际情况制定具体操作规定。

中国人民解放军和中国人民武装警察部队的差旅费管理办法参照本办法另行规定。

第三十二条　本办法由财政部负责解释。

第三十三条　本办法自2014年1月1日起施行。2006年11月13日发布的《财政部关于印发〈中央国家机关和事业单位差旅费管理办法〉的通知》（财行〔2006〕313号）同时废止，其他有关中央国家机关和事业单位差旅费管理规定与本办法不一致的，按照本办法执行。

中央和国家机关培训费管理办法

（财行〔2016〕540 号）（2016 年 12 月 27 日）

第一章　总　　则

第一条　为进一步规范中央和国家机关培训工作，保证培训工作需要，加强培训经费管理，依据《中华人民共和国公务员法》《干部教育培训工作条例》和其他有关法律法规，制定本办法。

第二条　本办法所称培训，是指中央和国家机关及其所属机构使用财政资金在境内举办的三个月以内的各类培训。

第三条　本办法所称中央和国家机关，是指党中央各部门，国务院各部委、各直属机构，全国人大常委会办公厅，全国政协办公厅，最高人民法院，最高人民检察院，各人民团体，各民主党派中央和全国工商联（以下简称各单位）。

第四条　各单位举办培训应当坚持厉行节约、反对浪费的原则，实行单位内部统一管理，增强培训计划的科学性和严肃性，增强培训项目的针对性和实效性，保证培训质量，节约培训资源，提高培训经费使用效益。

第二章　计划和备案管理

第五条　建立培训计划编报和审批制度。各单位培训主管部门制订的本单位年度培训计划（包括培训名称、目的、对象、内容、时间、地点、参训人数、所需经费及列支渠道等），经单位财务部门审核后，报单位领导办公会议或党组（党委）会议批准后施行。

第六条　年度培训计划一经批准，原则上不得调整。因工作需要确需临时增加培训项目的，报单位主要负责同志审批。

第七条　各单位年度培训计划于每年 3 月 31 日前同时报中央

组织部、财政部、国家公务员局备案。

第三章 开支范围和标准

第八条 本办法所称培训费，是指各单位开展培训直接发生的各项费用支出，包括师资费、住宿费、伙食费、培训场地费、培训资料费、交通费以及其他费用。

（一）师资费是指聘请师资授课发生的费用，包括授课老师讲课费、住宿费、伙食费、城市间交通费等。

（二）住宿费是指参训人员及工作人员培训期间发生的租住房间的费用。

（三）伙食费是指参训人员及工作人员培训期间发生的用餐费用。

（四）培训场地费是指用于培训的会议室或教室租金。

（五）培训资料费是指培训期间必要的资料及办公用品费。

（六）交通费是指用于培训所需的人员接送以及与培训有关的考察、调研等发生的交通支出。

（七）其他费用是指现场教学费、设备租赁费、文体活动费、医药费等与培训有关的其他支出。

参训人员参加培训往返及异地教学发生的城市间交通费，按照中央和国家机关差旅费有关规定回单位报销。

第九条 除师资费外，培训费实行分类综合定额标准，分项核定、总额控制，各项费用之间可以调剂使用。综合定额标准如下：

单位：元/人天

培训类别	住宿费	伙食费	场地、资料、交通费	其他费用	合计
一类培训	500	150	80	30	760
二类培训	400	150	70	30	650
三类培训	340	130	50	30	550

一类培训是指参训人员主要为省部级及相应人员的培训项目。

二类培训是指参训人员主要为司局级人员的培训项目。

三类培训是指参训人员主要为处级及以下人员的培训项目。

以其他人员为主的培训项目参照上述标准分类执行。

综合定额标准是相关费用开支的上限。各单位应在综合定额标准以内结算报销。

30 天以内的培训按照综合定额标准控制；超过 30 天的培训，超过天数按照综合定额标准的 70％控制。上述天数含报到撤离时间，报到和撤离时间分别不得超过 1 天。

第十条　师资费在综合定额标准外单独核算。

（一）讲课费（税后）执行以下标准：副高级技术职称专业人员每学时最高不超过 500 元，正高级技术职称专业人员每学时最高不超过 1000 元，院士、全国知名专家每学时一般不超过 1500 元。

讲课费按实际发生的学时计算，每半天最多按 4 学时计算。

其他人员讲课费参照上述标准执行。

同时为多班次一并授课的，不重复计算讲课费。

（二）授课老师的城市间交通费按照中央和国家机关差旅费有关规定和标准执行，住宿费、伙食费按照本办法标准执行，原则上由培训举办单位承担。

（三）培训工作确有需要从异地（含境外）邀请授课老师，路途时间较长的，经单位主要负责同志书面批准，讲课费可以适当增加。

第四章　培训组织

第十一条　培训实行中央和地方分级管理，各单位举办培训，原则上不得下延至市、县及以下。

第十二条　各单位开展培训，应当在开支范围和标准内优先选择党校、行政学院、干部学院以及组织人事部门认可的其他培训机构承办。

第十三条　组织培训的工作人员控制在参训人员数量的 10％以

内，最多不超过10人。

第十四条 严禁借培训名义安排公款旅游；严禁借培训名义组织会餐或安排宴请；严禁组织高消费娱乐健身活动；严禁使用培训费购置电脑、复印机、打印机、传真机等固定资产以及开支与培训无关的其他费用；严禁在培训费中列支公务接待费、会议费；严禁套取培训费设立“小金库”。

培训住宿不得安排高档套房，不得额外配发洗漱用品；培训用餐不得上高档菜肴，不得提供烟酒；除必要的现场教学外，7日以内的培训不得组织调研、考察、参观。

第十五条 邀请境外师资讲课，须严格按照有关外事管理规定，履行审批手续。境内师资能够满足培训需要的，不得邀请境外师资。

第十六条 培训举办单位应当注重教学设计和质量评估，通过需求调研、课程设计和开发、专家论证、评估反馈等环节，推进培训工作科学化、精准化；注重运用大数据、“互联网＋”等现代信息技术手段开展培训和管理。所需费用纳入部门预算予以保障。

第五章 报销结算

第十七条 报销培训费，综合定额范围内的，应当提供培训计划审批文件、培训通知、实际参训人员签到表以及培训机构出具的收款票据、费用明细等凭证；师资费范围内的，应当提供讲课费签收单或合同，异地授课的城市间交通费、住宿费、伙食费按照差旅费报销办法提供相关凭据；执行中经单位主要负责同志批准临时增加的培训项目，还应提供单位主要负责同志审批材料。

各单位财务部门应当严格按照规定审核培训费开支，对未履行审批备案程序的培训，以及超范围、超标准开支的费用不予报销。

第十八条 培训费的资金支付应当执行国库集中支付和公务卡管理有关制度规定。

第十九条 培训费由培训举办单位承担，不得向参训人员收取任何费用。

第六章　监督检查

第二十条　各单位应当将非涉密培训的项目、内容、人数、经费等情况，以适当方式公开。

第二十一条　各单位应当于每年 3 月 31 日前将上年度培训计划执行情况（包括培训名称、对象、内容、时间、地点、参训人数、工作人员数、经费开支及列支渠道、培训成效、问题建议等）报送中央组织部、财政部、国家公务员局。

第二十二条　中央组织部、财政部、国家公务员局等有关部门对各单位培训活动和培训费管理使用情况进行监督检查。主要内容包括：

（一）培训计划的编报是否符合规定；

（二）临时增加培训计划是否报单位主要负责同志审批；

（三）培训费开支范围和开支标准是否符合规定；

（四）培训费报销和支付是否符合规定；

（五）是否存在虚报培训费用的行为；

（六）是否存在转嫁、摊派培训费用的行为；

（七）是否存在向参训人员收费的行为；

（八）是否存在奢侈浪费现象；

（九）是否存在其他违反本办法的行为。

第二十三条　对于检查中发现的违反本办法的行为，由中央组织部、财政部、国家公务员局等有关部门责令改正，追回资金，并予以通报。对相关责任人员，按规定予以党纪政纪处分；涉嫌违法的，移交司法机关处理。

第七章　附　　则

第二十四条　各单位可以按照本办法，结合本单位业务特点和工作实际，制定培训费管理具体规定。

第二十五条　中央组织部、国家公务员局组织的调训和统一培训，有关部门组织的援外培训，不适用本办法，按有关规定执行。

第二十六条 中央事业单位培训费管理参照本办法执行。

第二十七条 本办同中央组织部、国家公务员局负责解释。

第二十八条 本办法自2017年1月1日起施行。

《中央和国家机关培训费管理办法》（财行〔2013〕523号）同时废止。

中央和国家机关会议费管理办法

（财行〔2016〕214 号）（2016 年 6 月 29 日）

第一章　总　　则

第一条　为进一步加强和规范中央和国家机关会议费管理，精简会议，改进会风，提高会议效率和质量，节约会议经费开支，制定本办法。

第二条　中央和国家机关会议的分类、审批和会议费管理等，适用本办法。

本办法所称中央和国家机关，是指党中央各部门，国务院各部委、各直属机构，全国人大常委会办公厅，全国政协办公厅，最高人民法院，最高人民检察院，各人民团体、各民主党派中央和全国工商联（以下简称各单位）。

第三条　各单位召开会议应当坚持厉行节约、反对浪费、规范简朴、务实高效的原则，严格控制会议数量和规模，规范会议费管理。

第四条　各单位召开的会议实行分类管理、分级审批。

第五条　各单位应当严格会议费预算管理，控制会议费预算规模。会议费预算应当细化到具体会议项目，执行中不得突破。会议费应当纳入部门预算，并单独列示。

第二章　会议分类和审批

第六条　中央和国家机关会议分类如下：

一类会议。是以党中央和国务院名义召开的，要求省、自治区、直辖市、计划单列市或中央部门负责同志参加的会议。

二类会议。是党中央和国务院各部委、各直属机构，最高人民法院，最高人民检察院，各人民团体召开的，要求省、自治区、直辖市、计划单列市有关厅(局)或本系统、直属机构负责同志参加的会议。

三类会议。是党中央和国务院各部委、各直属机构,最高人民法院,最高人民检察院,各人民团体及其所属内设机构召开的,要求省、自治区、直辖市、计划单列市有关厅(局)或本系统机构有关人员参加的会议。

四类会议。是指除上述一、二、三类会议以外的其他业务性会议,包括小型研讨会、座谈会、评审会等。

第七条 中央和国家机关会议按以下程序和要求进行审批:

一类会议。应当由主办单位报经党中央和国务院批准。会议总务、经费预算及费用结算等工作分别由中共中央直属机关事务管理局(以下简称中直管理局)和国家机关事务管理局(以下简称国管局)负责。

二类会议。党中央和国务院各部委、各直属机构,各人民团体应当于每年 12 月底前,将下一年度会议计划(包括会议名称、召开的理由、主要内容、时间地点、代表人数、工作人员数、所需经费及列支渠道等)送财政部审核会签,按程序经中央办公厅、国务院办公厅审核后报批。各单位召开二类会议原则上每年不超过 1 次。

三类会议。各单位应当建立会议计划编报和审批制度,年度会议计划(包括会议数量、会议名称、召开的理由、主要内容、时间地点、代表人数、工作人员数、所需经费及列支渠道等)经单位领导办公会或党组(党委)会审批后执行。

四类会议。由单位分管领导审核后列入单位年度会议计划。

年度会议计划一经批准,原则上不得调整。对党中央、国务院交办等确需临时增加的会议,按规定程序报批。

第八条 一类会议会期按照批准文件,根据工作需要从严控制;二、三、四类会议会期均不得超过 2 天;传达、布置类会议会期不得超过 1 天。

会议报到和离开时间,一、二、三类会议合计不得超过 2 天,四类会议合计不得超过1天。

第九条 各单位应当严格控制会议规模。

一类会议参会人员按照批准文件，根据会议性质和主要内容确定，严格限定会议代表和工作人员数量。

二类会议参会人员不得超过300人，其中，工作人员控制在会议代表人数的15%以内；不请省、自治区、直辖市和中央部门主要负责同志、分管负责同志出席。

三类会议参会人员不得超过150人，其中，工作人员控制在会议代表人数的10%以内。

四类会议参会人员视内容而定，一般不得超过50人。

第十条 全国人大常委会办公厅、全国政协办公厅、各民主党派中央和全国工商联的会议分类、审批事项、会期及参会人员等，由上述部门依据法律法规、章程规定，参照第六条至第九条作出规定，并报财政部备案。

第十一条 各单位召开会议应当改进会议形式，充分运用电视电话、网络视频等现代信息技术手段，降低会议成本，提高会议效率。

传达、布置类会议优先采取电视电话、网络视频会议方式召开。电视电话、网络视频会议的主会场和分会场应当控制规模，节约费用支出。

第十二条 不能够采用电视电话、网络视频召开的会议实行定点管理。各单位会议应当到定点会议场所召开，按照协议价格结算费用。未纳入定点范围，价格低于会议综合定额标准的单位内部会议室、礼堂、宾馆、招待所、培训中心，可优先作为本单位或本系统会议场所。

无外地代表且会议规模能够在单位内部会议室安排的会议，原则上在单位内部会议室召开，不安排住宿。

第十三条 参会人员以在京单位为主的会议不得到京外召开。各单位不得到党中央、国务院明令禁止的风景名胜区召开会议。

第三章　会议费开支范围、标准和报销支付

第十四条　会议费开支范围包括会议住宿费、伙食费、会议场地租金、交通费、文件印刷费、医药费等。

前款所称交通费是指用于会议代表接送站，以及会议统一组织的代表考察、调研等发生的交通支出。

会议代表参加会议发生的城市间交通费，按照差旅费管理办法的规定回单位报销。

第十五条　会议费开支实行综合定额控制，各项费用之间可以调剂使用。

会议费综合定额标准如下：

单位：元/人天

会议类别	住宿费	伙食费	其他费用	合计
一类会议	500	150	110	760
二类会议	400	150	100	650
三、四类会议	340	130	80	550

综合定额标准是会议费开支的上限。各单位应在综合定额标准以内结算报销。

第十六条　一类会议费在部门预算专项经费中列支，二、三、四类会议费原则上在部门预算公用经费中列支。

会议费由会议召开单位承担，不得向参会人员收取，不得以任何方式向下属机构、企事业单位、地方转嫁或摊派。

第十七条　各单位在会议结束后应当及时办理报销手续。会议费报销时应当提供会议审批文件、会议通知及实际参会人员签到表、定点会议场所等会议服务单位提供的费用原始明细单据、电子结算单等凭证。财务部门要严格按规定审核会议费开支，对未列入年度会议计划，以及超范围、超标准开支的经费不予报销。

第十八条　各单位会议费支付，应当严格按照国库集中支付制度和公务卡管理制度的有关规定执行，以银行转账或公务卡方式结算，禁止以现金方式结算。

具备条件的，会议费应当由单位财务部门直接结算。

第四章　会议费公示和年度报告制度

第十九条　各单位应当将非涉密会议的名称、主要内容、参会人数、经费开支等情况在单位内部公示或提供查询，具备条件的应当向社会公开。

第二十条　一级预算单位应当于每年 3 月底前，将本级和下属预算单位上年度会议计划和执行情况（包括会议名称、主要内容、时间地点、代表人数、工作人员数、经费开支及列支渠道等）汇总后报财政部。党中央各部门同时抄送中直管理局，国务院各部门同时抄送国管局。

第二十一条　财政部对各单位报送的会议年度报告进行汇总分析，针对执行中存在的问题，及时完善相关制度。

第五章　管理职责

第二十二条　财政部的主要职责是：

（一）会同国管局、中直管理局等部门制定或修订中央本级会议费管理办法，并对执行情况进行监督检查；

（二）按规定对各单位报送的二类会议计划进行审核会签；

（三）对会议费支付结算实施动态监控；

（四）对各单位报送的会议年度报告进行汇总分析，提出加强管理的措施。

第二十三条　国管局的主要职责是：

（一）配合财政部制定或修订中央和国家机关会议费管理办法；

（二）负责国务院召开的一类会议的总务工作；

（三）配合财政部对国务院各部委、各直属机构会议费执行情况进行监督检查。

第二十四条 中直管理局的主要职责是：

（一）配合财政部制定或修订中央和国家机关会议费管理办法；

（二）负责党中央召开的一类会议的总务工作；

（三）配合财政部对中央各部门会议费执行情况进行监督检查。

第二十五条 各单位的主要职责是：

（一）负责制定本单位会议费管理的实施细则；

（二）负责单位年度会议计划编制和三类、四类会议的审批管理；

（三）负责安排会议预算并按规定管理、使用会议费，做好相应的财务管理和会计核算工作，对内部会议费报销进行审核把关，确保票据来源合法，内容真实、完整、合规；

（四）按规定报送会议年度报告，加强对本单位会议费使用的内控管理。

第六章 监督检查和责任追究

第二十六条 财政部、国管局、中直管理局会同有关部门对各单位会议费管理和使用情况进行监督检查。主要内容包括：

（一）会议计划的编报、审批是否符合规定；

（二）会议费开支范围和开支标准是否符合规定；

（三）会议费报销和支付是否符合规定；

（四）会议会期、规模是否符合规定，会议是否在规定的地点和场所召开；

（五）是否向下属机构、企事业单位或地方转嫁、摊派会议费；

（六）会议费管理和使用的其他情况。

第二十七条 严禁各单位借会议名义组织会餐或安排宴请；严禁套取会议费设立“小金库”；严禁在会议费中列支公务接待费。

各单位应严格执行会议用房标准，不得安排高档套房；会议用餐严格控制菜品种类、数量和份量，安排自助餐，严禁提供高档菜肴，不安排宴请，不上烟酒；会议会场一律不摆花草，不制作背景板，不提供水果。

不得使用会议费购置电脑、复印机、打印机、传真机等固定资产以及开支与本次会议无关的其他费用；不得组织会议代表旅游和与会议无关的参观；严禁组织高消费娱乐、健身活动；严禁以任何名义发放纪念品；不得额外配发洗漱用品。

第二十八条 违反本办法规定，有下列行为之一的，依法依规追究会议举办单位和相关人员的责任：

（一）计划外召开会议的；

（二）以虚报、冒领手段骗取会议费的；

（三）虚报会议人数、天数等进行报销的；

（四）违规扩大会议费开支范围，擅自提高会议费开支标准的；

（五）违规报销与会议无关费用的；

（六）其他违反本办法行为的。

有前款所列行为之一的，由财政部会同有关部门责令改正，追回资金，并经报批后予以通报。对直接负责的主管人员和相关负责人，报请其所在单位按规定给予行政处分。如行为涉嫌违法的，移交司法机关处理。

定点会议场所或单位内部宾馆、招待所、培训中心有关工作人员违反规定的，按照财政部定点会议场所管理的有关规定处理。

第七章 附 则

第二十九条 各单位应当按照本办法规定，结合本单位业务特点和工作需要，制定会议费管理具体规定。

第三十条 党中央、国务院直属事业单位的会议费管理参照本办法执行。中央和国家机关各部门所属事业单位的会议费管理由各部门依据从严从紧原则参照本办法作出具体规定。

第三十一条 本办法由财政部负责解释，自 2016 年 7 月 1 日起施行。《中央和国家机关会议费管理办法》（财行〔2013〕286 号）同时废止。

财政部 国管局 中直管理局关于《中央和国家机关会议费管理办法》的补充通知

（财行〔2023〕86 号）（2023 年 5 月 30 日）

党中央有关部门，国务院各部委、各直属机构，全国人大常委会办公厅，全国政协办公厅，最高人民法院，最高人民检察院，各民主党派中央，有关人民团体：

为贯彻落实中央八项规定精神，进一步规范中央和国家机关会议费管理，现就有关事项补充通知如下：

一、本通知适用于中央和国家机关按照《中央和国家机关会议费管理办法》（财行〔2016〕214 号，以下简称《办法》）规定召开的一类、二类、三类、四类会议，包括线下会议和线上会议。

线上会议是指采取电视电话、网络视频等方式召开的会议，含线上与线下相结合的会议。

二、会议会期，二、三、四类会议原则上不超过 1 天半，传达、布置类会议不得超过 1 天。

会议报到和离开时间，一、二、三类会议合计不得超过 1 天半，四类会议合计不得超过 1 天。

三、各单位召开会议，在符合保密和网络信息安全要求的前提下，提倡采用线上会议形式。线上会议的主会场和分会场参会人数合计不得超过《办法》规定的相应会议类别参会人数上限，不请外地同志到主会场参会。

线上会议优先选择单位内部电视电话、电子政务内网视频会商等现有应用系统。单位现有应用系统无法保障的，应当结合工作性质、保密要求等，选择专用系统、运营商服务系统、第三方软件服务系统等。

四、会议费开支范围包括：

（一）线下费用：《办法》规定的住宿费、伙食费、会议场地租金、交通费、文件印刷费、医药费等；

（二）线上费用：能够明确对应具体会议的设备租赁费、线路费、电视电话会议通话费、技术服务费、软件应用费、音视频制作费等。

五、会议费应当按照以下方式进行核算列支：

（一）线下费用按照《办法》有关规定以实际发生的费用项目分项定额标准总额为上限，结合线下实际参会人数、会议时间进行核算。各项费用之间可以调剂使用，未实际发生的费用项目不得参与调剂。

（二）线上费用不纳入《办法》规定的综合定额标准内核算，凭合法票据原则上在单位年度会议费预算内据实列支。

各单位应当按照厉行节约、提高效率的原则，通过市场调研、充分议价，合理选择线上会议应用系统，细化完善本单位线上会议支出标准。

六、各单位在会议结束后应当及时办理会议费报销手续。线下费用按照《办法》有关规定进行报销。线上费用应当提供费用清单和使用相关应用系统所开具的合法票据，签署服务合同的，需一并提供相关合同。

七、各单位应当加强涉密会议安全和保密管理，落实网络安全工作责任制，强化网络安全技术防护措施，选择安全可靠的应用系统，督促系统服务供应商严格落实安全保密责任，加强对运维人员、技术服务人员日常保密教育和监督，定期开展终端设备和涉密场所保密检查，妥善保管会议音视频等材料，切实做好安全保障工作。

八、各单位应当加强对会议内容相近、参会人员范围相同会议的统筹，严格控制各类会议规模，简化办会形式，合理确定参会人员范围，减少参会人员数量，减少陪会。

九、各单位应在《办法》及本通知规定的开支范围和开支标准内从严从紧核定会议费预算，节约会议经费开支。

十、本通知自2023年8月1日起施行。《办法》有关规定与本通知不符的，以本通知为准。